·大学的邀请·

精装版

语言学的邀请

Language in Thought and Action

［美］ 塞缪尔·早川（Samuel Hayakawa）
    艾伦·早川（Alan Hayakawa） 著

柳之元 译

著作权合同登记号 图字：01-2014-6231

图书在版编目(CIP)数据

语言学的邀请/（美）早川（Hayakawa, S.），（美）早川（Hayakawa, A.）著；柳之元译. — 北京：北京大学出版社，2015.7
（大学的邀请）
ISBN 978-7-301-25970-2

Ⅰ.①语… Ⅱ.①早… ②早… ③柳… Ⅲ.①语言学－研究 Ⅳ.①H0

中国版本图书馆CIP数据核字（2015）第136027号

LANGUAGE IN THOUGHT AND ACTION, Fifth Edition by S.I. Hayakawa and Alan R. Hayakawa
Introduction ©1990 by Robert MacNeil
Copyright © 1941, 1949, 1963, 1964, 1972, 1978, 1990 by Houghton Mifflin Harcourt Publishing Company
Copyright © 1939, 1940 and © renewed 1967, 1968, 1969, 1990 by S.I. Hayakawa
Copyright © renewed 1977 by S.I. Hayakawa and Lilian S. Pillard
Copyright © renewed 1992 by Margedant P. Hayakawa, Leo Hamalian, and Geoffrey A. Wagner
Published by arrangement with Houghton Mif in Harcourt Publishing Company through Bardon-Chinese Media Agency.
Simplified Chinese translation copyright © (2014) by Peking University Press.
ALL RIGHTS RESERVED.

本书中文简体字译本由台湾文史哲出版社授予北京大学出版社出版发行。

书　　　名	语言学的邀请
著作责任者	[美]塞缪尔·早川　艾伦·早川　著　柳之元　译
责 任 编 辑	徐文宁
标 准 书 号	ISBN 978-7-301-25970-2
出 版 发 行	北京大学出版社
地　　　址	北京市海淀区成府路205号　100871
网　　　址	http://www.pup.cn　新浪微博：@北京大学出版社 @阅读培文
电 子 邮 箱	编辑部 pkupw@pup.cn　总编室 zpup@pup.cn
电　　　话	邮购部 62752015　发行部 62750672　编辑部 62750112
印 刷 者	天津联城印刷有限公司
经 销 者	新华书店
	650毫米×980毫米　16开本　19印张　210千字
	2015年7月第1版　2024年6月第15次印刷
定　　　价	48.00元（精装版）

未经许可，不得以任何方式复制或抄袭本书之部分或全部内容。
版权所有，侵权必究
举报电话：010-62752024　电子邮箱：fd@pup.cn
图书如有印装质量问题，请与出版部联系，电话：010-62756370

目录

推荐序 …… 001
编者序 …… 007
译者序 …… 009

第一编　语言的功用 …… 015
第一章　语言和生存 …… 017
第二章　符号 …… 032
第三章　报告用的语言 …… 045
第四章　前后文 …… 062
第五章　有助于社会团结的语言 …… 077
第六章　语言的双重任务 …… 090
第七章　控制社会的语言 …… 103
第八章　传达感情的语言 …… 118
第九章　艺术和激荡的情绪 …… 139

第二编　语言和思想 ………… 153

第十章　　我们是怎样得到知识的 ………… 155

第十一章　捕风捉影 ………… 175

第十二章　分类 ………… 184

第十三章　二元价值观点与多元价值观点 ………… 196

第十四章　一团糟 ………… 224

第十五章　老鼠和人 ………… 247

第十六章　走向内心和外界的秩序 ………… 267

参考文献 ………… 289

推荐序

遇到这本书,是影响我性格成长的重要经历之一。

我很幸运,童年时可以接触到众多文学作品。从我很小的时候起,我的妈妈就喜欢给我朗读那些公认的儿童文学经典:从史蒂文森的《儿童诗园》《金银岛》到狄更斯的《圣诞故事集》《大卫·科波菲尔》。在英格兰教会唱诗班中,我深深地陶醉于圣经和公祷书的圣歌中。在加拿大的学校里,我则沉迷于大量的英语诗篇,我对戏剧的热情更是让我一头扎入莎剧的怀抱。事实上,正是莎士比亚让我成为一名广播员,因为是大学表演引领我走向电台表演,进而走向新闻广播。

但在我于1949年9月刚进大学(达尔豪斯大学)时,我对英语这门语言的理解仍很欠缺。我的心随着语言一同引吭起舞,沉湎于阅读之中,我认为自己的文学天分足以让自己赢取文学声名,再不济也可以出一本书。但我也遇到了一些恼人的障碍,其中就包括大一英语。直到这时我才发现，关于英语这门语言的分析，自己还是一无所知。

在老师的教导下，我学会了一些语法，并通过阅读掌握了大量词汇。我能识别出不同的诗歌韵律，知道十四行诗的押韵方式，但我从未明白语言作为人类的主要工具对我们有何重要意义。既没有人鼓励我去思考：别人如何使用语言来告知或说服我，影响我在政治问题上的看法，操纵我的情绪让我产生偏见或购物欲望；也没有人告诉我，我也在不自觉地以上述方式使用语言。简而言之，让我如此为之着迷的词语所包含的诗意，在人类心理学和社会上有着极其复杂的作用，但对那时的我来说，所有这一切都是一个谜。

为我打开眼界的那本书不是别的，正是早川先生所著本书的早期版本。如今本书早已成为一部经典，而且对我们的心智来说，幸运的是，新版里面加入了许多新的例子。上一句中的"心智"一词，我可不是随便使用的。

这本书在我身上引起了"噢！我明白了！"那种极少有的反应，这种反应是学习的真正乐趣所在，那种感觉就像是有人为你揭开了一道此前一直垂挂的帘布，你现在明白了一些重要的事情。

40年后重温此书，我的心中也更加明白，为何我会对早川先生这本书"情有独钟"（借用一个现在年轻人爱用的词语）。

本书并非仅仅是一本语义学入门书，一门让我们多数人仍然望而生畏或是认为与我们的生活毫不相干的学问。如果这本书真是那样，那我早就会把这本书忘得一干二净。实际上，语义学是一趟穿越语言这面透镜的迷人旅行。它就像是进入那些装有单向镜的秘密房间之一一样，动机研究者和中情局调查员则躲在暗处窥探他们的观察对象。但是，乐趣也有一半来自将我们自己当成被观察者，比如我们像低等动物一样发出友善的声音与人泛泛而谈，比如我们无意中流露出在种族、宗教、政治问题上的偏见。我清楚地记得这一知识引领我独立思考所带给我的那种兴奋感。我平素就对事物抱持怀疑态度，书中所言更使我坚定了自己的怀疑主义！

早川先生让我第一次认识到：语言中的什么因素，使得一种表述成为报告、另一种表述成为判断，使得一种表述是客观的、另一种表述则是主观的。这是新闻学和所有学科写作训练最基本的一课，但却从未有人明确地教导过。

没过多久，我就得到机会把我学到的东西应用到现实生活中。我在大学里的多数时间都在商业电台和加拿大广播公司干活。我成为联合报社（United Press）下属一家电台的广播新闻编辑。中华人民共和国宣告成立后不久，联合报社通行的报道方式都是称呼新头领为"红头毛泽东"。由于加拿大人对中国成为共产主义国家这一事件的看法并不像美国人那样偏执，我认为使用"红头"这一称呼含有偏见。若是采用这一称呼，无疑会使听众对毛泽东产生负面看法。一连好几个月，我用铅笔删掉了上百个"红头"，代之以更加中性的词语。我在这里充当了一回早川先生的代言人！

后来我接受了更加正规的新闻业训练，但我从未在新闻学院就读过。我认为，正式接触新闻学之前我已拥有对语言的分析态度，这对我保有独立思考能力极其重要；我不会把这一点归功于新闻学。在这一意义上，也许可以说，早川先生这本书是我的第一所新闻学校。

但是，读者朋友很快就会发现：早川先生给予我们的远不止于这一点。

本书告诉我们：如何在我们生活的这个时代过上一种理性的生活。早川先生并没有给我们提供新的信仰、新的大师、获取内心平和或通灵的新方法，而是告诉我们如何去善用我们身上最具有人性的那些部分，即我们的语言抽象能力和认知语言天分，使我们成为少些争斗与恐惧、多些合作与理性的人。在书中旁征博引的心理学知识和科学思想的参照下，早川先生的建议是一剂难得的良药，可以增进我们在日常生活中的理性意识，使我们成为民主世界的一位世界公民，成为"巨大的通力合作的神经系统"的一分子。语言正是促成那一神经系统的关键所在。

古希腊的德尔菲神谕早就有过明示："认识你自己"，这一认识在其后所有时代的智者那里都得到了响应。本书揭示了：我们使用语言的方式会如何暴露我们的想法，如何通过考察我们所用的语言来更好地认识我们自己。读过本书，一定有助于我们更好地了解自身，更好地去接受日日常伴我们左右的"言辞洪流"的冲击。

重读本书，我甚至更加透彻地理解了我们每天都会播出的"麦克尼尔／莱勒新闻时间"节目的力量所在。我们的新闻将早川先生提倡的"多元价值取向"融入了日常生活，就像我们感知到的那样，现实生活中非黑即白、非善即恶的事物极其少见。我认为我自己是在40年前遇上本书时首次认识到这一点的。但在这里我要用一个判断为这篇序言收尾：关于语言的书籍，能像本书一样具有吸引力的，可谓少之又少。

罗伯特·麦克尼尔（Robert MacNeil）

编者序

本书原名 *Language in Thought and Action*，它所讨论的问题属于语义学（semantics）范畴。语义学是一门新兴学科，在我们中国，不但知道这是一门什么学问的人很少，甚至很多人连这门学科的名字都不曾听过。照常理来说，我们一定会觉得，这样一门冷僻而陌生的学问与我们一定是格格不入。可是，这本书却绝对是个例外，读起来津津有味，一点儿也不枯燥。这固然要归功于作者"深入浅出"的写作技巧，同时我们也要感谢译者的译笔灵活通达。在改用中国古诗词代替原书例句这一点上，译者更是功不可没。

虽然我们对这门学问很陌生，可是书中讨论的问题却是我们时时刻刻都会碰到的问题。作者写这本书的主要目的是想告诉人们"怎样说话、怎样听话"，话说对了有什么好处，话说错了有什么不好、会惹出什么祸，把话说好是如何重要；也许有人会对此感到惊讶：我们既能读又能写，还要学说话吗？我们一出生就牙牙学语，学到如今还不够吗？谁不会说话，还学它干吗？还要读这本书？且慢，恐怕最需要读这本书的人便是那些自以为早已会说话的人。你究竟会不会听话呢？会不会说话呢？恐怕得看完本书才能有一个比较可靠的答复。

　　本书中所说的"说话"或"语言"也包括"文字"在内。第八、九两章实则是在告诉我们怎样写作。对爱好写作的读者朋友来说，本书无疑具有更大的意义。

译者序

早川博士的祖先是日本人,他本人于 1906 年出生在加拿大,所以是英国籍。他在加拿大曼尼托巴大学和麦吉尔大学求学,学成后先后在美国威斯康辛大学和伊利诺伊州理工学院教书,后来成为闻名世界的语义学权威。说起本书,据作者自序,他一开始原本只想修改他所写的 *Language in Action*(1941 年出版,曾轰动一时,成为畅销书),后来由于意见越来越丰富、材料越来越多,便又写了一本大部分内容是全新的著作,出版后又成为畅销书,深得各方推崇。

说起语义学,许多中国读者想来还不太熟悉。虽然对这门学问有过很大贡献的英国学者理查兹(I. A. Richards)和燕卜荪(William Empson)曾先后到北平讲学,可是中文报刊里却极少介绍这门学问。少数听过这个名词的人中,又有一大部分以为语义学只不过是在文学批评或文字学里加入一大堆心理学名词所以肯定是深奥空洞枯燥无味。有这种先入之见的人难免会对本书先有一种害怕心理,其实只要稍微读上两页便可看出本书完全不是他们想象的那样。这是因为早川先生是位写作高手,他能将深奥晦涩的原理写得清楚而精确,并会用生动有趣的例子来加以解释。譬如,"分类"并不是一个容易懂的题目,可是你一看作者的说明就会觉得它一目了然,十分有趣。"制度惰性"绝对不能算是一个容易说明的问题,然而只要读过第十五章"老鼠和人",你一定会感到作者所举的例子巧妙非凡,能使一个枯燥的问题变得生趣盎然。再加上作者字里行间流露出的人情味和幽默感,也就使得这样一本学术味道浓厚得几乎可以当成教科书用的著作大受普通读者欢迎。

然而,本书之所以如此畅销和具有很高的价值,还有一个更重要的原因,那就是本书毫无迂腐之气,对人生和社会上的许多重要问题提出了新的看法和可贵的意见。早川先生学识渊博,他在书里采用了语言学、心理学、哲学、人类学、社会学、心理解剖学、生理学、神学、生物物理学等领域最新的研究成果。加之他人生经验丰富,1941—1949年间他曾在精神病院做过研究工作,跟随名师学过艺术,替芝加哥一家黑人周刊写专栏,为芝加哥《太阳日报》写书评,研究民间音乐和爵士乐,管理过合作社,与美术鉴赏家和民间艺人有过密切接触,因此眼光远大,胸怀广阔,能够跳脱一门学问狭窄的范围,观察人类行为和思想中许多不同的部门。

早川先生为什么能在书中将抽象的学理与实际事物那么密切地联系到一起呢?主要因为他抓住了两个大的原则。第一个原则是:语言是人类特有的工具,人类之所以能够生存发展,变得与野兽不同,语言是极重要的因素之一。确定了语言的社会作用后,他便进一步阐明语言与现实之间的关系(第二、四章),解释各种不同的语言及其功用(第三、五、六、七、八章)。早川先生告诉我们:就像人生是错综复杂的,语言也是错综复杂的;就像人生不尽是理智的,语言不可能也不应该是完全理智的。乍看上去毫无意义的寒暄聊天,是人类团结所不可少的;宣誓、公文等千篇一律的公式,则是社会的基础。随后他便讲到文学的性质和效用(第八、九章)。他认为,伟大的文学不但能使我们吸取别人的经验,了解我们周围的世界,同情别人,还能帮助我们适应现实,精神健康,因为人类说到底还是一种感情动物,没有发泄和陶冶感情的工具,我们就会像没有安全阀的机器一样,有爆炸的危险。

早川先生的第二个原则是:人类思想中的绝大部分都是没有声音的语言;他依据这一原则,说明了语言会如何影响并形成人类的思想,进而创造出现代的思想系统和社会制度。在第十章里,他指出了人类语言(思想)的一个重要特征:我们会从实际事物给我们留下的印象中逐步形成抽象的概念。没有这个特征,人类便不可能有现在的文化;可是倘若我们没有注意到这一特征,分不清抽象的概念(或名字)与现实,我们不但会作出种种可笑之事,还会酿成许多悲剧。在第十一章里,早川先生举了许多实例。在第十二章里,他又解释了人类语言(思想)的另一重要特征:分类;分类虽然也是必需的,但却不可能是完美无瑕、十分可靠的。你若坚持认为自己的分类法十全十美,绝对不会有错,你就会掉入二元价值观点的陷阱。这种观点在原始社会最为流行,法西斯主义则是它的余孽。倘若你知道自己的分类难免会有缺陷,从而多加警惕,你就可以拥有民主自由思想所不可少的多元价值观点(第十三章)。接下来早川先生便指出,一般人由于不了解自己语言(思想)中的缺陷,又受了外来不良影响,从而造成了许多混乱的现象(第十四章)。当今世界之所以会有这么多不幸和危机,除了有钱有势者目光太过短浅,最大的原因便是大多数人都是思维不清,看不出自己真正的利益所在(第十五章)。所以他在最后一章(第十六章)举出了十条简明的语言(思想)法则,并告诉我们怎样才能摒除偏见,养成独立思考精神,认识自己,接受现实,使语言这一人类最宝贵的资产,成为一种增进人与人之间团结友爱的工具。

以上所说只是一个简明大纲,书中实际内容比这要丰富得多。但是我们单从这个大纲就可看出,本书不仅是一本语言学巨著,而且对许多我们最关心最紧要的问题,例如怎样做人、怎样适应环境、怎样在这个邪说纷起的混乱的世界里理出一个头绪来,作了精辟透彻的讨论。早川先生并不是也没有想做一个创造奇迹的魔术师,他并没有提出任何可以立刻解决经济分配问题或国际争端的方案。他只是希望读者朋友能够澄清自己的思想,进而看清并了解当前的问题,不受人欺骗。在他看来,只要世界上大多数人都确实能独立思考,辨别是非利害,所有困难也就都能迎刃而解。这一看法并不新鲜,它的基础是苏格拉底的怀疑精神、孔子"吾日三省吾身""三思而后行"的态度,以及杜威的实验主义思想。但是他能将历代贤哲训示的精粹应用到当下许多切身问题上去，指出我们要做一个新世纪科学时代的人，必须要有一个更加清醒冷静的头脑，不应该再回到疯狂盲目的原始生活里去。另一方面，他又从生物学和心理学视角出发，将文学、艺术、同情、博爱等过去为机械主义思想所轻视的东西救出"冷宫"，证明它们是人生不可缺少的。更可贵的是，他并不认为他所提倡的那种健全的心境为哲人所独有。他希望每个人都能拥有这种心境，所以他用明确的文字将其详加解释，使每位读者朋友都能了解并接受他的看法。本书最后一章所列的十条规则，乍看似乎没有什么意思，细究起来却是妙用无穷。单就"母牛1不是母牛2，母牛2不是母牛3"这一规则而论，只要大家都能真正牢记在心，善加应用，世上所有的阶级斗争、种族偏见、顽固自私现象就都不容易发生，世界大同的希望也可增加不少。

总之，本书优点极多，读者朋友在阅读过程中可以慢慢体会。本书真正伟大的地方不在于它给了我们多少知识、建立了什么系统，而在于它指出了许多新的道路，提供了许多新的线索，使人读后有一种"拨开云雾见青天"之感，开始觉得人类文化不一定就要远远落在科学后面，"纷乱如丛林"的人文社会科学里也有应用科学方法的可能，一个富有理性的幸福社会并非只是哲学家的梦想而是很有实现的希望。作者认为伟大的书都是富有启发性的，本书同样如此。

本书译文力求通俗易懂，因为翻译书的读者对象主要是青年或外文程度不太高的人，译文若是不好读，书中一些比较深奥的理论就更不易懂，所以在许多地方都省去了好些专有名词。原书中用来解释单字和成语的意义、用法等的例子，直译难以表达出作者的原意，所以大都替换为中文的单字或成语。书中讨论的社会情形多以美国为例，其中有许多恐怕中国读者不易体会，所以有的删去未译，有的代以中国的例子，这是需要附带说明的。

第一编

语言的功用

陈亢问于伯鱼曰:"子亦有异闻乎?"对曰:"未也。尝独立,鲤趋而过庭。曰:'学《诗》乎?'对曰:'未也。''不学《诗》,无以言。'鲤退而学《诗》。他日又独立,鲤趋而过庭。曰:'学《礼》乎?'对曰:'未也。''不学《礼》,无以立。'鲤退而学《礼》。闻斯二者。"陈亢退而喜曰:"问一得三:闻《诗》,闻《礼》,又闻君子之远其子也。"

——《论语·为学》

[第一章]
语言和生存

一般人常常认为,只有扰乱社会秩序者才会有"白白得好处"那种荒唐的奢望。这真是件怪事。事实上,除了我们的自然条件,我们所有的一切都是不费分文从前人那里得来的。有哪一个最自满、思想开倒车的人敢自夸说是他发明了文字、写作术、印刷术,发现了自己的宗教思想、经济思想、道德思想,创造了任何一种使他能有衣食的生产方法?总而言之,我们的文明差不多全都是"白白得来的"。

——詹姆斯·罗宾逊(James Robinson)

人类间所有的协定或赞同与认可……都要通过语言的程序才能得到,否则根本无法实现。

——伍尔夫(Woolf)

我们该模仿什么动物？

在我们的社会中，有些自命为理智坚强、面对现实的人（包括有势力的政界领袖和商人，争权夺利、碌碌终日的次要人士等在内），总是以为人的天性就是自私自利！人生就是一场奋斗，只有最能适应的人才能求得生存。根据这种哲学，人类表面上虽然是文明的，但是他们赖以生存的基本原则却依然是森林中弱肉强食的原则。"最能适应的人"就是在生存竞争中最强暴、最狡猾、最残酷无情的人。

这种流行颇广的"适者生存"思想，给了一般无论是在私人竞争、商业竞争或是国际关系上专门残酷无情、唯利是图的人们一种蒙蔽自己良知的工具，他们认为自己之所以会那样做，不过是在遵循"自然法规"行事。然而，一个大公无私的旁观者完全有理由质疑：老虎的残酷无情、人猿的狡猾黠慧和服从森林中弱肉强食法则的现象，是否就是人类适于生存的证据？倘若说我们必须从比我们下等的动物那里获得行为指南，难道除了残暴的野兽之外，就没有别的动物可以教给我们如何生存的方法吗？

譬如说，若是我们注意兔子或鹿，我们可以说适应生存的定义是"跑得快，不要被敌人追上"。若是我们注意蚯蚓和鼹鼠，我们可以说适应生存的定义是"躲藏起来"。若是我们注意牡蛎和苍蝇，我们可以说适应生存的定义是"繁殖力特强，使敌人来不及消灭我们"。倘若我们当真要向动物去学习行为方式的话，那么还有猪。自古以来我们就一直想模仿它，想与它媲美。英国小说家赫胥黎（Aldous

[第一章] 语言和生存

Huxley)曾在《美丽新世界》(*Brave New World*)中描写过,如果大部分人类都变得孜孜终日,循规蹈矩,唯命是听,就像合群的蚂蚁一般,我们的社会便会像蚂蚁窝一样组织严密,井井有条,效率极高,可是也会变得同样没有意思。说实在的,倘若我们专从禽兽身上研究"适者生存"的道理,我们真不知能找出多少种低等动物的行为系统来。我们可以模仿龙虾、狗、麻雀、鹦鹉、长颈鹿、臭鼬或寄生虫,因为它们显然各有各的生存之道。虽说如此,我们还是可以问一问自己:人类之所以能够适应生存,是不是靠着另外一种适应能力,一种与较低级动物不同的适应能力呢?

既然那种犬犬相食、"适者生存"的思想现在如此流行(虽然自从原子弹爆炸以来,已经有人感到有改变这一思想的必要),也就值得我们在这里费一点笔墨,研究一下"适者生存"这句话在现代科学上占有什么样的地位。现代生物学家区分出了两种不同的"生存竞争":第一种是异种竞争,即各种不同类动物间的竞争,例如狼和鹿间、人和细菌间的竞争;第二种是同类竞争,即同类动物间的竞争,例如鼠和鼠间、人和人间的竞争。现代生物学上有很多例子都可以证明,凡是发展出种种繁复的同类竞争工具的动物,常常无法应对异种竞争,因此它们不是早已绝种,就是随时都有绝种的危险。例如,孔雀的尾屏在吸引异性时可以用来和别的孔雀竞争,但在应对突发的生态环境变化、与异类竞争中却是一个累赘。此外还有许多生物学上的例子可以证明,任何一种动物,假如只有争斗和伤害别的动物的力量和凶猛,是不一定能够生存的。许多毛象类的巨大爬行动物都有极好的进攻和自卫工具，却在几百万年前就已绝迹。

纵使我们承认人类必须争斗才能求得生存，在讨论人类生存的问题时，我们也必须先将一些我们与环境及别的动物（如洪水、气候、野兽、细菌等）抗争时有用的特性，和一些与别的人抗争时有用的特性（如奋勇向前不肯让人）分清才行。另外还有一些对人类生存很重要的特性，则与争斗毫无关系。

倘若我们不能同舟共济就不免逐一灭顶，这一原则在人类还没能用文字表达出来以前就已存在于自然界中。同类合作（有时还得加上与异类合作），对于大多类生物的存在都是必要的。

人类还有一个特征：人是会说话的动物。任何一种人类生存理论若是不注意这一点，就会像高谈海狸的生存而不注意它用什么样的特殊方法使用它的嘴和扁尾巴一样不科学。下面我们就来研究谈话（人类彼此间传达意见）究竟有什么意义。

合作

当有人对你大叫"小心！"时，你就赶快一跳，从而没有被一辆汽车撞倒，你之所以能够没有受伤，靠的是大多数高等动物所共有的一种赖以生存的合作方式——用声音互通信息。你并没有看到那辆汽车朝你开来，可是别人却看到了，他就发出某些声音，将他惊惶的心情传递给你。换句话说，虽然你的神经系统没有记下这种危机，你却因为别人的神经系统已有记录而得救了。在那一刹那间，你有了你自己的和别人的这两个神经系统的帮助,所以占了便宜。

事实上,当我们听到别人发声,或者看到写在纸上代表这些声音的文字时,我们多半都是在吸取别人的经验,以补自身之不足。显然,愈是能够利用别人的神经系统来补益自身的人,也就愈加容易生存。当然,在一个集团中,习惯于用声音互相合作帮忙的分子愈多,全体的得益也就愈多(不过得益大小或多少自然也会受到该集团内社会组织能力和成员自身能力的限制)。飞禽走兽都是同类合群居住,一找到食物或受到惊吓就会叫喊出声。事实上,合群居住之所以成为人类与禽兽自卫和生存的方法之一,主要原因是整合统一神经系统,次要原因才是整合统一体力。我们几乎可以将一切社会组织,不论是人类的还是禽兽的,都视为许多神经系统大规模的合作。

禽兽能够发出的叫声极为有限,人类用来表示并报告他们神经系统内的反应的各种声音——也就是语言——却是异常复杂。人类的语言是从禽兽的叫喊声发展而来,但是比起那些禽兽的叫喊声却不知要灵活善变多少。有了语言,我们不但能够报告我们神经系统内许多种繁复的反应和变化,还可以转发这些报告。当一只野兽叫嚣的时候,它可以使另一只野兽也感到惊惶,或是起了模仿之心,因此也叫嚣起来。可是这第二只野兽的叫声里,并不能说出为什么它会跟着第一只野兽叫嚣。但是,当一个人说"我看见一条河"时,第二个人可以说"他说他看见一条河"——这就是报告别人的报告。以此类推,可以一层层地报告下去。总而言之,语言可以用来叙述语言。

在这一点上，人类的发声机制与禽兽的叫喊有着本质上的区别。

知识的汇集

除了发展语言，人类又用了种种方法，在泥板、木块、石块、兽皮或纸片上做一些比较有永久性的记号或痕迹来代表语言。有了这些记号，他便能与那些在时空上与他相距太远，听不到他的声音的人沟通信息。从树皮上刻下的印痕到当今的报纸和网络，有一个共同点：为了他人方便，传递个体知道的信息。古希腊科学家阿基米德早已不在人世，可是我们仍然保存着他在物理实验中所观察到的结果。英国诗人济慈同样早已不在人世，可是他仍然可以告诉我们，他第一次读到查普曼翻译的荷马史诗时，心里有着什么样的感觉。从报纸、收音机和电视里，我们知道了有关我们这个世界的种种事实。从书本和杂志里，我们了解到千百个我们不会有机会见面的人是如何感觉和思想的。这些知识，在我们一生中的不定什么时候，都可以帮助我们解决自己的问题。

因此，从来没有人能够仅只依靠其个人经验获取知识。即使在原始社会，他也可以利用他的邻居、朋友和亲戚们口授给他的经验。这样，他就不会因为自己的经验知识有限而陷于无助；不用再次去发现他人早已发现过的事物，重蹈他人的覆辙，重犯他人的错误。他可以继承他人的成果，继续前进。换句话说，语言使得人类有了进步的可能。

事实上，所谓人类的特性，多半都是由于我们能够创造出我们自己的系统，使发出的声音和划下的痕迹有一套意义，进而利用这些文字和语言系统相互合作才表现出来的。即使文化落后还没有发明文字的地方的人们，也能交换知识，将传统智识一代代地传授下去。但是，能够口授的知识，数量毕竟有限，也不一定完全可靠。所以，文字的发明在人类历史上是一个很大的进步。前人记载下来的事情是否翔实，一代代的后人都能根据自己观察的结果，一遍又一遍地查考。知识的累积不会再因过去口授的人记不住太多而受到限制。

因此，任何文化，只要发明了文字，几百年就会积聚起很多知识，绝对不是任何人一生中能读得完的，更不用说是记得住的。这许多日益增加的知识，经过印刷之类的机械过程和普及传播的组织如书商、新闻界、杂志界和图书馆等，又使一般想要找寻知识的人都有机会研读。所以凡是能够阅读任何一种主要的欧洲或亚洲文字的人，都可以接触到文明世界各地许多世纪以来人类努力累积起来的学问。

这里我们可以举个例子，假定一位医生碰到一个得了某种稀有病症的病人不知道该怎么医治才好。他可以去国家图书馆或上网查找医学索引，按照上面的指引，查阅世界各地出版的医学杂志。在那些杂志上他有可能会找到，譬如说，在1873年荷兰鹿特丹有一个医生，在1907年暹罗曼谷又有一个医生，到1924年在英国堪萨斯城又有过别的医生，都曾碰到过类似病症，并留下了病情和诊治结果的记录。有了那些前人的记录，他就能有较好的方法去诊治他的病人。又如，假定现在有一个人为着伦理问题而烦恼，他不必只限于听从附近牧师的劝告，他可以求教于孔子、亚里士多德、释迦牟尼、耶稣、斯宾诺莎，以及其他许多在伦理学上已经有意见记载下来的哲学家和宗教家。倘若他为恋爱烦恼，他不但能从他的亲朋好友那里得到劝告，还能从古今中外的大诗人、心理学家，以及任何懂得恋爱写过关于恋爱书籍的人那里去获得教益。

所以我们说，语言是人类生活中不可缺少的工具，它可以形塑、引领、增益和积累人类昔日经验，形成今日生活。据我们所知，猫、狗、黑猩猩都不能一代代地渐次增进它们的智慧和知识，以及它们控制环境的能力，可是人类却能这样。历代人类文化上的造就，烹饪术、武器、写作、印刷术、建筑方法、游戏娱乐、交通工具等方面的发明，各种文学、艺术、科学方面的发现，都是先人不取分文送给我们的礼物。我们并没有做什么有价值的事情就获得了这么多的礼物，有了这些先人的遗产，我们不但能有机会过上一种比我们上一代更丰富的生活，也有机会将我们自己的贡献，不论它们有多么渺小，也融入人类全部的成就里去。

因此，学习读书写字，也就是学习怎样去利用并参与人类中最伟大的成就——有了这种成就，才可能有其他成就——也就是说，将我们的经验汇聚到一起，形成规模宏大的"知识合作社"，除非受到机密保护、审查、压制等阻挠，任何人都可以随时利用这一合作社。从远古时代的原始人类高呼报警起，直到当下的科学刊物和收音机里的新闻广播，语言一直都是有社会性的。文化和智识上的合作，是人类生活的一个重大原则。

这并不是一个容易为人接受或了解的原则——我们这些自命为"心地善良"的人私下里认为它不过是一种陈词滥调，却又觉得应该信奉它才对，所以表面上仍旧装出一副看重它的样子。我们生活在一个竞争激烈的世界里，每个人都想在财富、人望、社会声誉、穿着打扮、考试成绩各方面比别人强。我们的报纸上每天都会刊载许多发生冲突的消息，比如劳资双方、生意对手、电影明星、对立政党和不同民族间的冲突，却很少提起合作。我们每个人的心里都充满恐惧，覆盖着又一场比上次大战不知要可怕到多少倍的战争阴影。我们常常免不了会认为：冲突——而不是合作——才是统治人类生活的大原则。

但是，这种想法却忽略了一点：社会表面上固然是充满竞争，然而真正能使社会赓续前进的下层基础却是大家视为当然的一样东西——合作。制作一部电视剧，需要演员、导演、作家、编剧、策划师、摄影师、音响师、灯光师、化妆师、录音、场记、制片、监制、发行、出品等数百人一起合作。制造一辆汽车，需要不知多少万人协力工作（其中包括从世界各处供应并输送原料的人）。任何一种有组织的企业活动都是一种密切的合作，其中每个工作人员都得贡献出自己的一份力量；资方封锁工厂和劳方罢工，都是停止合作的表现——等到合作恢复，大家就会认为一切都又"恢复正常"。我们可以各自为谋得职业而竞争，但是一旦工作到手，我们的任务就是要在适当的时间和地点里，把自己的力量贡献给那无数连绵不断的合作行为。最后的结果便是，工厂能造出汽车，面包房能作出蛋糕，百货公司能供应货品，飞机能按时起飞。**这种同心协力推动社会事业的工作，必须要有语言作为媒介才能实现，否则就没有成功的可能**。这对于我们人类是很重要的一点。

言辞的洪流

可是对于密支先生[1]，这一切又发生了什么作用呢？从一早起身打开收音机或电视收听新闻广播起，直到晚上在床上看着小说或杂志睡熟了为止，密支先生就像其他在现代文明里生活的人一样，整天都在字词里过日子。报纸编辑、政治家、推销员、收音机和电视里的播音员、聚餐会上演讲的人、牧师、同事、朋友、亲戚、太太、孩子、市场消息、促销单、图书、广告牌、脱口秀——这一切都成天在用言辞向他进攻。与此相似，每当密支先生参加一次广告宣传、演讲、写信，甚或是和朋友闲谈一次，他都会使这道"言辞的洪流"变得更加汹涌澎湃。

当密支先生在生活上遇到一些不如意的事情时，譬如说，烦恼、困惑、神经不宁，或是家事、生意乃至国家大事不尽顺心时，他总会将其归罪于某些事物，怪它们使他不乐意。有时候他会怪天气，有时候他会怪他的健康和精神状况，怪他的内分泌。倘若他面对着的是

---

[1] Mits，代表一个无关紧要的普通美国人，就像中国所谓的张三李四一样。——译注

一个大问题，他还会怨他所处的环境，怨他所置身其中的经济制度，怨某个外国民族，或是怨他所处社会中的文化形态。别人若是有了困难，他也会把他们的不幸归罪于这些理由，只是有时或许还会多加上一项："人类的本性"。（除非他真的是倒了大霉，他绝对不会怨他自己的本性。）他很少或者可以说他几乎从未想到在研究这种种缘由之外，还得考查他每天都会经历的言辞洪流的性质和成分，将其视为他的烦恼一个可能的来源。

说实在的，密支先生确实很少想到语言本身。他有时会怀疑自己使用的语法对不对，有时会对自己的用语感到不满，因而开始怀疑他是不是应该设法"增加他的字汇"。他偶然有一两次也会发觉有人（他从未想到自己也可能是这许多人中之一）"曲解字义"，特别是在争论的时候；所以他认为文字常常是"很难对付"的。

偶然间，他也常常不禁满腹恼恨地注意到，一个字"在不同的人那里有时会有不同的意义"。可是他认为，只要大家肯多查查字典，找出各个字的"真正意思"，就可以补救这种情形。不过他也知道，大家都不肯多查字典（至少别人就不会比他更勤快，而他自己自然也是不大用字典的），因此他便觉得这里又多了一个"人类天生就没出息"的例证。

不幸的是，除了上述这些零星想法，密支先生对于语言问题就没有别的看法了。在这一点上，他不但代表了一般群众，也代表了许多科学从业者、宣传人员和写作者。他和一般人一样，把文字和他呼吸的空气同等看待，认为无足为奇，也从来不愿多加思考，因为从童年记事起他就一直在讲话，从来没有间断过。在一定的限度内，他的身体会自动地适应气候，或空气中的种种变迁，从冷到热，从干到湿，从新鲜到浑浊，不用他费任何心力。不过他还是愿意承认气候和空气对他的健康有影响，并会设法保护自己，以免吸入受到污染的空气。像我们大家一样，他周围的言辞也会形成各种气氛，和天气一样变化多端。早一会儿刚听到文雅的辞藻，这一会儿却又用起粗俗的言语。起先谈生意时用的全是商业字眼，等一下跑进礼拜堂，接触的又全是另外一种词句。看电影时，里面的对白爱听就听，不爱听就不听；第二天去教室上课，却非得正襟危坐，全神贯注不可。他从一种言辞的气氛转到另一种，也像适应气候变迁那样毫不费力。但在四周言辞的气氛对他的精神健康究竟有什么影响上，他却从来没有关心过。

　　虽然如此，密支先生的生活却与他每天所吸收及应用的言辞有着极密切的关系。吃早饭时，看到报纸上的一些话，他会气得拍桌子；上班后，老板对他说的话，既可能会使他挺胸凸肚，趾高气扬，也可能会使他慌忙跑回座位，加紧工作。有人在他背后议论他，被他偷听到了，会使他愁得生病。几年前他在一位牧师面前说了几句话，从此就与一位女子终身无法分开。他在纸上写了几个字，使他到现在还在继续做他的职业，也使他每个月都要收到许多账单，一次又一次地付给。可是别人也写了某种字条给他，使他们每个月都得付款给他。老实说，密支先生一生中的每一件小事都与言辞脱不了关系，但是他对言辞问题却是如此的不关心，真是件怪事。

[第一章] 语言和生存

另一方面，密支先生也注意到，若是广大群众，譬如一个极权国家里的人民，受了政府的控制只许听到看到经过官方筛选的词句，他们的行动就会变得非常奇怪，在他看来简直就像发疯似的。他同时又注意到，有些和他受过同等教育、同样消息灵通的人，却也会变得那么疯狂。有时听到邻居们发表意见，他不禁会感到惶惑惊奇："他们怎么可以这样想呢？这究竟是怎么回事，难道他们看到的不是和我看到的一样吗？他们一定是发了疯了！"密支先生想。于是他就怀疑起来：这种疯狂是不是又证明了"人性"是有"不可避免的弱点"呢？他是一个美国人，喜欢认为一切事情都是可能的，不喜欢承认"没有办法"，可是他又常常想不出办法来。偶然间，他也会怯弱地想到另一种可能："也许我自己也发狂了，也许我们都有了神经病"。但是这样的结论会使他完全迷惘无依，找不到出路，所以他很快就不这样想了。

密支先生之所以无法对语言问题有更深的了解，是因为他和普通人一样认为言辞并不是真的重要，要紧的只是言辞所代表的"观念"。可是什么是"观念"呢？除了把脑子里的活动转变为言辞外，还有什么别的可能？然而密支先生却很少或者也可以说是几乎从来不曾想到这一点。他老认为真正重要的事情是要先把观念弄明白，词句自然也就会没有问题。至于许多奇怪的事实：譬如说，有些字的含义也许会把人搞糊涂，引入牛角尖里去，有些字却或许不会如此；有些字由于有历史上和情感上的关系，在应用时会引起各种回忆和感想，使人无法冷静地讨论下去；又譬如说，语言有种种不同的用处，我们倘若把两种不同的用途弄错了，就会引起很大纠纷；还有那些说着在结构上与英文截然不同的语言（如日文、中文、土耳其文）的人，可能和说英语的民族在想法上也不完全相同；这种种奇怪的事实，他就不很清楚，平时也从来不大注意。

可是，**不管密支先生是否自己知道，他在生活中的每时每刻都不但会受他听到的和运用的言辞的影响，还会被他无意中对语言所下的臆断所支配**。譬如说，他喜欢阿尔伯特这个名字，很想用它来叫自己新生的小孩，却又因为迷信，暗中不敢，因为他以前认识一个叫阿尔伯特的人就是自杀而死。在这一点上，不管他自己有没有注意到，他的行动都是受了"语言与现实有关系"这一假设的支配，这种无意的假设决定了言辞对他发生的影响，进而间接地决定了他的行动方式，无论他的行动是聪明还是很傻。总之，语言——怎样运用自己的语言，对别人的语言又怎样起反应——是形成他的信仰、偏见、理想和抱负的重要因素。它们构成环绕着他的道德氛围和学术氛围，一句话，它们构成他的语义环境（semantic environment）。

本书专为研究语言与思想和行为间的关系而写。我们想要探究人们在思考（其中至少有百分之九十都是自言自语）、说话、听话、看书、写作时使用的语言和他们的语言习惯。**本书的基本假设是：同类之间通过语言进行广泛的合作，是人类生存的基本工具**。另外还有一个并行的假设是：**假如谈话的结果是引发或增加了争执和冲突（事实上常常如此），不是说的人有毛病，就是听的人有毛病，要不然就是大家都有毛病**。人类"适者生存"的能力，就是指大家用适当的方法听说读写，使你和你的同类一起都能有更多的机会，共同在这个世界上继续生存下去。

[第二章]
符号

> 借用符号来起到象征作用这一需要,确实只在人类间才表现出来。就像吃、看、行动一样,创造符号是人类最主要的活动之一。在人的心灵中,它是一个永不停息的基本过程。
>
> ——苏珊·朗格(Susanne Langer)

> 人类的一切成就都以使用符号为基础。
>
> ——阿尔弗雷德·科日布斯基(Alfred Korzybski)

象征化过程

禽兽们会为争取食物或领袖地位而争斗,可是它们却从来不会像人类那样去掠夺代表食物(如纸币、股票、地契等代表财富的纸张）或领袖地位（如勋章或特权专车）的标记。除了一些极简陋的方式（比如动物也能辨识符号及其代表的事物），禽兽们似乎从来不曾注意到可以用一样东西代表另外一样东西（只有人类能够理解符号与其代表的事物之间并不存在必然联系）。

这一使人类能够故意用一样东西来代表另外一样东西的过程，就叫象征化过程（symbolic process）。只要有两个或两个以上的人能够互相交换意见，他们就可以随时同意用一样东西来代表另外一样。譬如说，现在我们有两个符号：X 和 Y，我们可以约定用 X 代表纽扣，Y 代表弓。我们也可以自由地变更计划，用 X 代表李白，Y 代表杜甫，或是用 X 代表美国，Y 代表中国。唯有我们人类才能自由地创造和运用我们的符号，并赋予这些符号各种意义。事实上，我们还能更进一步用符号来代表别的符号。譬如说，倘若有必要的话，我们可以用 M 来代表上面 X 所代表的一切（纽扣、李白、美国），用 N 代表 Y 所代表的一切（弓、杜甫、中国）。另外我们还可以再创造一个符号 T 来代表 M 和 N。这样，这个 T 就变成符号的符号的符号。这种创造有任何指定意义的符号，或者制定符号以代表其他符号的自由，在我们所说的"象征化过程"中是不可缺少的。

我们无论走到哪里都能看到象征化过程。印第安人在头上插几根羽毛，现代国家的军官在制服上缝几道臂章，用来表示在军界的地位。原始民族用介壳和铜环来表示财富，近代民族用纸币来表示财富。十字架代表基督教。徽章、鹿牙、缎带和各种别致的装饰方法，比如特别的发式和文身等，代表不同的社会关系。武士、警察、门卫、快递员、红衣主教、国王等穿着不同的服装，代表不同的职业。野蛮人收藏敌人的头皮，大学生珍藏各种获奖证明，来表示他们在自己的本行里取得的成就。我们所做或想做的事情，所享有或希望享有的物件中，很少是只有机械性或生物性价值而另外没有象征性价值的。

美国社会学家凡勃伦（Thorstein Veblen）在《有闲阶级论》(Theory of the Leisure Class)中指出，所有时髦的衣饰都极富象征意义。材料、式样和饰物的选择，受保暖、舒适或实用价值等考虑支配的程度实际上非常少。穿的衣服越漂亮，行动的自由越少。有钱的阶级穿着精美的刺绣、容易弄脏的衣料、浆硬的衬衫、高跟鞋，手上留着又尖又长的指甲，以及其他种种使身体感觉很不舒服的事情，他们的目的之一就是想要表示他们可以不用靠劳动谋生。另一方面，一般并不如此富有的人往往也会模仿这些财富的标记，和有钱人一样打扮，表示他仍相信自己虽然得靠做工过活，却也和有钱人一样"高等"。我们请客时常爱在桌上摆一些贵菜，并不一定因为贵菜就比便宜菜好吃，而是因为那是对客人尊敬的一种表示。我们住的房子还好好的就换成新房，开的车还好好的就换成新款，目的都是为了向人展示自己拥有财富、地位的象征。

再以晒太阳为例，过去只有穷人顶着太阳天天下地干活，晒黑代表劳作，有钱人避之唯恐不及；后来，晒黑代表休闲，有钱人争着让自己晒黑；现如今，随着日晒病的增多，晒黑与否已不重要。

前些年，父母与孩子之间常会为发型发生激烈的争执：长发、短发、卷发、烫发、染发、光头、丸子头、梨花头、刺猬头、飞机头、阴阳头等，其实所争的与发型本身毫无关系，而主要与人们赋予发型的象征意义有很大关系。

这种繁复而且显然不必要的行为，使得一般职业和业余哲学家们一次又一次地追问："为什么人类就不能过一种简单而自然的生活呢？"繁复的人生，常常使我们异常羡慕猫狗们比较单纯的生活。但是，象征化过程固然使人类作出了许多不合理的行为，却也产生了语言，并使没有语言就不能实现的种种人类的成就得以实现。我们不能因为汽车"出事"的机会比手推车多，就提倡复古坐手推车。同理，我们也不能因为象征化过程会引起种种复杂可笑的举止便主张回到像猫狗一样的原始生活。一个比较理想的解决办法便是着手了解这一象征化过程，这样也可使我们不再去做它的奴隶，而至少可以在某种限度内变为它的主宰。

以语言作为符号使用

在各种使用符号的方式中，语言是最发达、最精巧、最复杂的一种。前面我们已经说过，人们只要能够互相达成一致意见，就可以用任何一样东西来代表任何另外一样东西。经过几千年相互依赖的结果，人们已经互相同意，将他们能用肺、喉、舌、齿、唇各部分发出的各种声音组织起来，代表他们神经系统里各种不同的反应。这种大家一致同意的系统就叫语言。譬如说，我们讲汉语的人经过逐年累月的练习，现在只要我们的神经系统注意到某一种动物，我们就可能会发出下面这种声音："这是一只猫。"任何听见这句话的人都会想，要是他和我们向同一方向张望，他的神经系统里也会体验到同一种现象，从而使他发出几乎是一样的声音。再譬如说，当我们感觉到需要食物的时候，我们也会习惯性地发出声音道："我饿了。"

前面已经说过：一个符号与它所代表的事物之间并不一定有连带关系。我们可以说"我饿了"事实上却一点不觉得饿。而且就像社会地位可以用插在头上的羽毛、刻在胸前的花纹、挂在表链上的金饰物，以及其他千百种依据我们文化背景不同而各异的方法表示出来，我们的饥饿也可以按照我们各人的文化背景，用千百种不同的语言表达出来。无论我们是中国人、法国人、德国人、意大利人或西班牙人，我们都能用自己的语言说："我饿了。"

无论这些事实乍看上去有多么简单，我们只要把这个问题好好想一想就会知道实际情况并不简单。不妨举个例子来说：我们知道符号与它们所代表的事物原来是没有连带关系的，可是我们却总是觉得它们之间好像不免有些联系似的，而且在行动中有时也会有这样的表示。譬如说，我们大家都会有点似是而非地觉得，外文根本就是不合理的：外国人称呼各种东西的方法那么滑稽，他们为什么不会用对的方法去称呼它们呢？英国人和美国人在国外旅行时往往把这种感觉表现得淋漓尽致，因为他们似乎真的相信，只要声音叫得足够大，就能使任何别国的人懂得英语似的。据说有个男孩曾经告诉过别人："猪之所以叫猪，因为它们就是那种肮脏的动物。"那些英美游客也是如此,他们也觉得符号和它们所象征的事物在某种意义上是不可分的。此外,还有人觉得"蛇"是一个丑恶、卑鄙而奸诈的字,因为蛇是"丑恶、卑鄙而奸诈的生物"。(事实上,蛇并不奸诈。)

观剧时易生的错觉

我们不但对语言中的象征过程幼稚无知,对其他各种标记也是如此。以戏剧而论,无论是舞台剧、电影、电视剧还是广播剧,几乎每场演出都会有观众或听众不能完全理解一出戏不过是一组虚构的、象征性的表演,一个演员只不过是代表别人,不管他演的角色是真实的还是完全虚构的。电影明星弗雷德里克·马奇[1]可能会在一出指定的剧本里扮演一个酒徒,演得十分逼真,可是这并不能证明他就一定会喝酒,或者甚至是个酒徒,然而有些观众看到这里不是赞扬马奇的演技,反而替马奇太太难过起来,可怜她嫁给这样一个酒鬼。常在影片里扮演法官的刘易斯·斯通[2],接到许多影迷来信向他咨询法律问题。据说多年前爱德华·罗宾逊[3]在几部影片里扮演匪徒

---

[1] 弗雷德里克·马奇(Fredric March,1897—1975),美国电影演员,两获奥斯卡最佳男主角奖与东尼奖最佳男主角奖。主演《黄金时代》《推销员之死》。——编注
[2] 刘易斯·斯通(Lewis Stone,1879—1953),美国电影演员,主演《爱国者》。——编注
[3] 爱德华·罗宾逊(Edward Robinson,1893—1973),南斯拉夫籍美国电影演员,好莱坞黄金时代的当红明星,主演《小恺撒》《盖世枭雄》《双重赔偿》《十诫》等,1973年获奥斯卡终身成就奖。——编注

惟妙惟肖，有一次他去芝加哥，当地的流氓无赖真把他当成自己人，竟往他住的旅馆打电话向他致意。最有名的例子可能非英国小说家威尔斯的《星球大战》莫属，1938年这部非凡的小说被改编成广播剧，当广播里传出"火星上来的敌军开始入侵美国"，既有成群的人因为受到惊吓而逃跑，也有成群的人冲入征兵处决心进行自卫。

这使我们想起许多有趣的故事。例如，有一次，一个京剧团在中国乡下演出，一名扮曹操的演员演得太过卖力，把农民们看得怒火中烧，跳上去抓住他就是一顿毒打，打得他遍体鳞伤。可是比起一般的观众，这些农民并没有什么特别好笑的地方。例如，好些人看到唱花旦的男角在舞台上娇滴滴的，活像年轻貌美的少女，就真个喝彩捧场，似痴似狂。还有一次，上海一位富家子弟看到一位明星在电影里扮演一个劫车的强盗，英勇倜傥，十分羡慕，就也去一辆电车上如法炮制，可惜他抢到一只皮箱后就从车门口向着后面跳，车子正在快速行驶，他自然摔伤了腿，被送进了医院。他的家人听到消息后痛哭不已，因为这位少年绝对不缺钱用，只不过是看电影入了迷而已。之所以会出现这种真假不分、虚实混淆的现象，可以说就是因为在许多观众那里，象征的符号不但真的像现实一样，而且几乎替代了现实的地位，以至于他们看不到事实的真面目。

言辞并不是现实

以上所说，不过是在言辞和符号问题上几个比较突出的态度混乱的例子。作者认为，我们都知道而且也应该知道，符号与它们所代表的东西并不一定有连带关系。倘若大家确能一致而且永远地这样做，上面那些例子就可以不用讲了，可是事实却并非如此。**在我们大多数人的思想里，或多或少都会存在对某些事物随意作出评价这一习惯。这一点往往得怪社会不好。因为在有些问题上，多数社会都是有系统地鼓励人们，养成把符号与它们所代表的事物混为一谈的习惯。**例如，以前日本崇拜天皇的时候，每所学校都要悬挂天皇像，倘若有一所学校着了火，人们非得先把那张天皇像抢救出来不可，即使要冒生命危险也在所不惜（如果有人因此被烧死还会被追封为贵族）。在现代社会里，许多人受环境影响可以不吃饭却不能不穿漂亮衣服，以表示自己阔气。最奇怪的是，我们一穿上漂亮衣服也就真的觉得自己阔气起来了。在所有的文明社会里，宗教信仰、公民道德、爱国心的象征标记往往都会被看得比宗教信仰、公民道德和爱国心本身更为重要。在许多原始社会中，事情可能也是如此。某种意义上，我们都和那些为了要得荣誉奖而考试作弊想得高分的学生一样，觉得符号比它们所代表的事物要重要得多。

　　这种把符号和它们所代表的事物混为一谈的习惯，无论是个人的还是社会的，都会在各种不同的文化阶层上造成相当严重的后果，从而成为一个永久性的人类问题。自从近代各种沟通知识的工具日益发达以来，分不清言辞与现实这一问题也已变得格外突出。由于收音机、电视、电脑、邮政制度等种种媒介，随时随地都有人和我们说话：教师、牧师、推销员、网友、报纸、政府机关、有声电影……

我们现在所处的环境，是由许多前所未有的语义影响（semantic influences）所形成，并且大部分也是由它们创造的；我们看到的是大量发行的报章杂志，其中大多数都会受到编辑、记者和主编私人意见的支配。我们听到的广播节目和看到的电视节目，差不多全都以营利为目的。四处做广告的公关专家则是通过重新塑造语义环境使其对客户有利来获取高薪的高级工匠。我们所处的是一个非常兴奋却也充满危险的环境！即使说希特勒用广播征服了奥地利，也并不算距离事实太远。每逢四年一度的大选之年，公关专家、广播、电视、报刊等都会利用其所拥有的资源来影响投票者的决策。

因此，现代社会里的公民所需要的并不仅仅是"常识"。他们必须对一般符号（尤其是言辞）的能力和限度有一个科学化的理解，才能不至于被他们身边复杂的语义环境完全冲昏头脑。关于符号的原则，首要的一条就是：**符号并不就是其所代表的事物；地图并不就是其所代表的地区；言辞并不就是事实。**

地图和地区

某种意义上，我们都是生活在两个世界里。第一个世界是环绕我们身边、由我们自己直接认识的事物组成的。这个世界非常小，因为它只包括我们真正亲身看到、接触到、听到的一连串事物——那些不断在我们的感官面前流过的事物。就这个亲身经历的世界而论，非洲、南美洲、欧洲、温哥华、纽约或洛杉矶这些地方，除非我们亲自去过，都是虚无缥缈之乡；迈克尔·杰克逊、披头士、约翰·库切、多丽丝·莱辛这些知名艺人和诺贝尔文学奖获得者，除非我们亲自见过，也都不过是一些人名而已。我们只要审查一下自己有多少直接得到的知识，就会发现我们知道得实在非常少。

我们多半的知识都是从亲朋好友、学校、报纸、书本、谈话、演讲和收音机、电视、电影、电脑等，经过语言这一媒介而得到的。例如，我们的历史知识全都是从语言得来的。我们知道从前曾经有一个滑铁卢战役，因为我们的书本上有过这样的记载，或是听到别人说，此外就没有别的证据。做这样报告的人并没有亲眼目睹，他们也是根据别人的报告来写的。这样一步步地推溯上去，直到最后才是亲自看到那场战役的人直接做的报告。因此，我们多半的知识都是从报告，或是报告的报告得来的。我们的政府是怎样组成的？现在印度国内局势如何？城里的电影院在放什么电影？任何一件我们无法直接体验到的事物都是如此。

我们把这个通过言辞学到的世界叫做言辞世界（verbal world），把我们直接知道的或是能由个人经验而直接知道的世界叫做"外向世界"（extensional world）（为什么用"外向"这个名词，后文有详细讨论）。就像别的动物一样，人一生下来就与外向世界接触，可是一到有了理性以后，他就和别的动物不同，开始接受报告、报告的

报告、报告的报告的报告……同时他也接受由报告得来的推论、由别的推论得来的推论……每个几岁大的孩子，一旦上了学校，认识了几个朋友，看过一些电视玩过一些电脑后，就会在道德、地理、历史、自然、人物、游戏等各个方面积累起相当数量的间接知识——这些知识加起来就是他的言辞世界。

这一言辞世界与外向世界之间的关系，就像地图与它假定代表的地域之间的关系一样。一个孩子逐渐长大成人，倘若他脑子里的言辞世界和他在日益增多的经验中所接触到的外向世界相差并不太多，到了成人后，他就不会有太大的危险，对他所发现的现实（新事物）感到惊愕或痛心，因为他的言辞世界早已告诉了他，对什么可以多期望些，对什么只能少期望些。他对自己的生活已经有了准备。可是倘若在成长过程中脑子里存了一幅错误的地图，充满了错误的知识和迷信，他就会不断地遇到麻烦，浪费精力，言行举止像个傻子。他不但不会适应实际，若是他与现实脱节的情形过于严重，他很可能还会落到进精神病院的地步。

在我们因为脑子里存有了错误的地图而作出的那些愚蠢可笑的事情中，有些几乎普通到大家都已不觉得奇怪。有些人出门时在袋子里放一只兔爪，以防意外；有些人不肯睡在旅馆里的第13层楼上（对"13"的忌讳极其普遍，就连科学知识十分发达的西方城市里的多数大旅馆都是直接跳过"13层"）；有些人相信算命；有些人在赌牌或买彩票前，先要去庙里求签拜神；有些人把他们所用的牙膏换一种牌子，希望能够就此拥有一副更白的牙齿；有的人在雨天打雷的时候，为了辟邪，会往门外丢一把刀或剪子；还有的人根据星座预言来规划自己的人生。这些人都是在一个与外向世界极少符合甚或完全不能符合的言辞世界里生活着的人。

事实上，一张地图若是不能正确地表现出各个地点间相互的关系或是一片区域内的概况，那么无论它多么好看，对旅行的人都是毫无用处。譬如说，我们画了一张湖泊图，为了让它变得更好看一些，竟在湖的轮廓上画了一个大缺口，这张地图就完全没有价值了。但是，倘若我们画地图的目的只是为了好玩，丝毫不用顾及该区实在的地形，那么我们尽可以随意地把湖泊、河流和道路多扭上几扭，多弯上几弯，绝对不会有人来阻止我们；因为除非有人想要按照这样一张地图去旅行，它不会产生任何害处。

同样道理，我们可以借助想象的或错误的报告、从正确报告得来的错误推论或是一些漂亮的辞藻，随意用语言创造与外在世界毫无关系的"地图"。除非有人把这种"地图"错认为代表真正的地域，它们也是不会产生什么害处的。

我们每个人都承袭了许多无用的知识、错误的印象和谬见（那些都是我们从前认为是正确的地图），因此我们所学到的总有一部分是必须抛弃的。但是我们由自己文化中承袭到的遗产——也就是我们群体收集到的科学和人文方面的知识——之所以被人重视，主要是因为我们相信它们供给了我们一些真正能够代表经验的正确地图。言辞世界与地图之间的相似处是很重要的一点，本书后面还会不时提起。这里需要我们注意的是，有两种不同的方法会使我们的脑子里装下错误的、与这个世界不合的地图：第一种是别人给我们的地图原本就是错的；第二种是别人给我们的地图是正确的，只是我们自己误解了它们，从而创造出错误的地图来。

[第三章]
报告用的语言

> 在人类的话语里,不同的声音表示不同的意思。研究语言就是研究某些声音与某种意思之间有着什么样的联系,使得人与人之间的互动能够变得非常准确。譬如说,当我们告诉别人在某个地方有一座他从未见过的房屋时,我们所做的事情是所有其他动物都无法做到的。
>
> ——莱昂纳多·布龙菲尔德(Leonard Bloomfield)

> 很久以来,模糊而无意义的说话方式和滥用语言的恶习,早已演变成一门神秘的学问。艰涩或用错的文字,哪怕是极少甚或没有任何意义,也会由于习俗规定的缘故,竟然有特权被误认为是极深奥的学问和极高明的理论。想要说服讲着或听到这种语言的人,使他们相信这种语言不过是愚昧的掩饰品、真知识的障碍物,却也并非一件易事。
>
> ——约翰·洛克(John Locke)

从交换知识或信息的角度来讲，我们最基本的象征行为（symbolic act）就是把我们所看到的、听到的和感觉到的事情报告给别人："外面下雪了。""这条路每边都有一条沟。""你只需花上两块钱就可以在十字路口那家五金店里买到这个东西。""湖的那一边没有鱼，这一边却有很多鱼。"此外，还有关于报告的报告："全世界最长的瀑布是非洲赞比亚和津巴布韦接壤处的维多利亚瀑布。""黑斯廷斯战役发生于1066年。""报上讲，四十一号公路上靠近埃文斯维尔的地方发生一起严重车祸。""国家气象局宣布，强台风将于明天登陆。"一般报告都会遵守下面两条规则：（1）它们是可以证实的；（2）它们会尽可能地避免作出推论（inferences）和判断（judgments）。（这两个名词的意义详见后文解释。）

可证实性

报告是可以证实的。譬如说，我们可以去外面看一下是否下雪了，我们可以给五金店打个电话问一下东西的价格是否是两元。虽然我们不可能每次都亲自去一一证实它们，因为我们无法为自己所知道的每一段历史都追查到证据，我们也无法在物证还没有搬开之前，大家就都去埃文斯维尔观察撞车后的种种情形，但是假如我们对事物的名称、度量衡制度和测量时间方法能有一个大致规定，我们互相误解的危险就会小去不少。即使在当前这种每个人都像是在与别人激烈竞争的环境里，我们还是互相相信各人的报告，而且相信到一种惊人的地步。我们外出旅行时向陌生人问路,又照着路边的指示牌前行,一点也不怀疑设置那些路牌的人。我们阅读有关科学、数学、汽车工程、旅行、地理、服装史和其他种种实际知识的书籍时,心里总是会有一个假定,认为作者们一定会把他们知道的一切都尽可能准确地告诉我们。多数情况下我们这样假定都是安全的。目前大家正在着重讨论我们的报纸和宣传员如何有偏见、我们所得到的许多消息如何不翔实,在这当口,我们可能会忘记我们还有大量可靠的知识可以取用,而且除了战争期间,故意错报消息的现象仍然是例外,而不是常规。求生存的欲望迫使人们发明出交换知识或信息的工具,同时也逼迫他们明白,告诉别人错误的知识或信息是该深受谴责的。

报告的语言发展到最高限度,就成了科学的语言。所谓"最高限度"是指具有最广泛的功用。无论其身份是基督徒还是天主教徒、工人还是资本家、德国人还是英国人,一般人对 $2\times2=4$、$100℃$、CO_2、下午 $3:35$、1941 年、5000 扭矩(力学单位)、1000 千瓦等记号意思的看法都是一致的。但是我们不妨追究一下,**既然一般人在所有其他问题如政治思想、伦理观念、宗教信仰、商业成败等问题上都要争个你死我活,他们怎么还会对上述这些记号看法一致呢?**

我们的答案是:不管人们愿不愿意,环境都会强迫他们同意的。例如,倘若在美国有 12 种不同的宗教派别,每一派都坚持用自己的方法来称呼月份、日子和时间,我们就不但必须将各组名称译来译去,还要有 12 种不同的日历、手表和商业营业、火车行驶、广播节目、电视节目时刻表。那样一来，想要维持像我们现在这样的生活，就是不可能的。

所以，报告的语言，包括最正确的、科学上用的报告在内，是一种"地图"语言，它可以帮助我们把事情做好，因为它把它的"地域"相当正确地指了出来。这种语言也许常常会是我们所说的"枯燥"或"没有趣味"的语言，毕竟很少会有人把阅读对数表或电话簿当成一种娱乐，但是我们就是不能没有它们。我们在日常生活中说话或写字时，每天都有无数场合需要我们把自己的意思用每个人都认同的方法表述出来。

推论

细心的读者朋友可能会注意到，练习写报告文是增进他对语言的注意力的一个捷径。这种练习能够不断地使他从写作经验里，对于我们正在讨论的语言和解说的原理，自动地找出许多例子。这些报告文的内容应当是作者直接得到的经验：他所亲眼目睹的情景，他所亲身参与的群体和社交活动，以及他所熟识的人物。它们的内容必须能被证实并能得到大家认同。想要做这种练习，必须避免作出推论。

这并不是说推论不重要。无论是在科学中还是在日常生活里，我们依赖推论的地方和依赖报告的地方一样多。在有些学问里，例如地质学、古生物学和原子物理中，报告是基础，推论（以及推论的推论）则是主体。在本书中，推论是指根据已知的事物对未知的事物所作的陈述。从一位女子漂亮的衣着，我们可以推测出她的财富和社会地位；从大火后的遗迹，我们可以推测出这场毁坏房屋的火灾是怎样引起的；从一只长满老茧的手，我们可以推测出这个人从事的职业属于什么性质；从一个参议员对整军法案所投的票，我们可以推测出他对苏联的态度；从地表的构造形态，我们可以推测出史前期冰川流过的路线；在没有感光的软片上发现有光晕，我们可以推测出在那附近有辐射性物质存在；从一台机器发出的声响，我们可以推测出它的轴承的状况；从对病人症状的初步诊断，我们可以推测出病人的肠胃情况。

推论既可能是很细心地推断出来的，也可能是比较马虎地推断出来的。有的可能有对本题极丰富的经验为基础，有的则可能完全没有。譬如说，一名好的机械师往往只要一听马达开动时的声音，就能对其内部状况作出正确得惊人的推论；可是假如让一个外行也来做一番推测，他的推论就很可能会是完全错误。不过，所有的推论都有一个相同的性质；也就是说，它们都是根据已经观察到的事物，对并不直接知道的事物所作的结论。推论的优劣程度通常取决于报告内容或观察来源的优劣及推论者自身能力如何。

要想在我们上面所说过的报告文练习中摒除推论，我们必须不管别人心里怎样想才行。例如，"他发怒了"这句话并不是一个报告，而只是一个推论，是由下列可以观察得到的事实得来的："他拍桌子骂人，乱扔东西"。当然，在这个例子里，这一推论似乎是相当正确的；但是，为了训练我们自己起见，我们应当记住它只是一个推论。所有根据随随便便地观察社会现象就贸然得出的说法，例如"他从前觉得自己很了不起""他以前一见女孩子就害怕""他有自卑感"等；或是从马马虎虎地看报得到的想法，例如"苏联的目的是要在全世界建立共产党统治"等，都是推论气息过于浓厚。我们应该记住它们都是推论，在作报告练习时应该不用那些话，而应改用下面的话来代替："他以前很少和他厂里的下属说话""我在一个舞会上看到过他，除了有一次一个女孩请他同舞外，他一支舞也没有跳""他不肯申请奖学金，虽然我相信他要是申请的话绝对是非他莫属""出席联合国的苏联代表团要求甲乙丙，去年他们投票反对庚辛赞成戊亥，根据这些事实，我读的报纸就推测说，苏联真正的目的是要在地球上建立共产党统治，我比较倾向于同意这一看法。"

判断

要作本章内所提议的练习，还必须将判断也摒除在外。所谓判断，就是指作者对他所描写的人、事、物所有赞许或不赞许的表示。例如，一篇报告文不可以说："这是一辆好得不得了的汽车"，它只能说像下面这样的话："这辆车子已经跑了五万里路，从来没有需要修理过"。又如，"老张对我们说谎"是一个不能用的句子，我们应该采用比较容易证实的说法："老张对我们说他忘了带车钥匙，可是没过几分钟，当他从口袋里摸出一块手帕时，却有一串车钥匙掉了出来"。再如，一篇报告文不宜说："那位参议员态度固执，十分倔强，不肯合作"，或者"那位参议员勇敢地固守他的原则"，它一定得这样讲："那位参议员是唯一投票反对那一法案的人"。

许多人都把"老张对我们说谎""老李是个贼"一类的话当成是在陈述"事实"。可是，"说谎"这个词本身就先包括了一个推论（老张知道他所说的与事实不符，可是他却故意要那样讲），又包括了一个判断（说这话的人推测到了老张做过什么事，他不赞成老张那样做）。第二个例子很可以用下面的话来代替："老李曾被判盗窃罪，在监狱里关过两年"。因为说一个人是贼，几乎就等于是说："他从前偷过东西，将来还会再偷"。这便是预言的成分多过了报告。即使说"他从前偷过东西"，都是又作推论又下判断，因为在他从前被定罪的时候，审查证据的人就可能有过不同意见。但是说他"被判盗窃罪"，却是在叙述一件只要用法庭和监狱记录证实一下大家就可以得出一致看法的事实。

要有科学化的证明，一定要有对事实冷静的观察，而这并不是一件只要将许多判断累积起来就行的事情。若是有一个人说"小周真是个没用的家伙"，另一个人在一旁接道"我也这样认为"，这番话就没有得到证实。法庭审理案件时，有些证人由于无法明确地把他们自己的意见（他敲诈我，真不是人）和形成他们意见的客观事实（某年某月某日在某个地方被告逼着我在一张纸上签字画押）区分开，因此有时会引起相当多的麻烦，法官必须询问好长时间才能弄明白他们究竟是根据了什么样的事实，才会有这种种看法。

当然，有许多字词同时既是在报告事实又是在下判断。在写作我们这里所说的报告文时，这些字词必须避免。与其叫人"官僚"，我们不如说"政府官员"；与其叫人"戏子"，我们不如说"演员"；与其叫人"游民"，我们不如说"无家可归的失业者"；与其骂人"神经病"，我们不如说"他的想法与众不同"。例如，一位新闻记者是不可以这样写的："一群大傻瓜昨晚聚到一座摇摇欲坠、没有防火设备、从前曾为盗匪盘踞之所、现在则是本城南端之耻的破房子里，听史密斯参议员谈话"；他真正可以公开发表的应该是："昨晚史密斯参议员于本市南端'常绿园'发表演讲，到会者75—100人"。

"怒词"和"喜词"[1]

读者朋友在阅读本书时应当记得，我们在这里并不是将语言看作一种孤立的现象来加以研究，而是从它在人类活动（那些构成它的背景而不属于语言范围的全部语境）里的作用来研究它的。用声带发声是一种肌肉活动，与别的肌肉活动一样，它也常常是不由自主的。我们对强有力的刺激——譬如说，一件使我们愤怒不已的事情——的反应，是许多肌肉和生理现象的综合，我们的战斗肌肉收缩起来，血压升高，心跳加速，身体里的化学成分发生变化，用力抓住头发……可能还会咆哮作声。也许我们已经进化得太看重尊严，

---

[1] 怒词（snarl-words），表达怒意之词；喜词（purr-words），表达好感之词。——译注

不好意思再像狗一样猖猖大叫,但是我们所做的事情也只不过是比这略胜一筹而已,因为我们会骂人"该死的东西!""混蛋!""人渣!""卑鄙小人!"同理,假如我们为快感所激动,我们虽然不至于会像小猫一样摇尾巴,低声喵喵地叫,却也会说出"她是世界上最好的女孩子"等一类话。

这些话是直接表示赞成或不赞成的,因此是最简单的判断。我们可以称它们为人类的"怒"和"喜"的方式。"她是世界上最好的女孩子",并没有说出那个女孩子到底是怎样一个人;它只不过是一种表示快慰的声音。这一点看上去似乎再清楚不过,可是不知道有多少次,当说者说了这句话,听者听到后,双方都认为已经讲过了关于这个女孩子的事情。有些演说家或社论作者激愤地发言要求控制"法西斯""贪婪的资本家""华尔街""激进分子""外国思想",或是过分热情地颂赞"我们的生活方式"时,倘若我们分析一下他们所用的词句,就可看出这种错误特别多。动听的字眼、精致的句子结构和表面上似乎是层层深入的理论,常会使我们感到"言之有物"。可是只要稍微仔细审查一下,我们就会发觉这些话的意思只不过是:凡是我们所恨的("法西斯""华尔街"等),我们就恨到极点,凡是我们所喜爱的("我们的生活方式"等),我们就爱到极点。这些词句都可以叫做"怒词"和"喜词",它们绝对不是描写外向世界中实际状况的报告。

把这些判断叫做"怒词"或"喜词",并不是说事情就此可以了结,而是要我们小心地确定它们的意思究竟属于哪一类——"她是世界上最好的女孩子"这样一句话，应该视为是言者心境的表现，而不是任何关于那个女孩子的事实的显示。倘若有关"法西斯"或"贪婪的资本家"的那些"怒词"有了可以证实的报告作为后盾——也就是说，所谓"法西斯"或"贪婪的资本家"究竟指什么人，我们在事前已经达成一致看法——我们也许就能找到和说话的人一样激动的理由。倘若关于"世界上最好的女孩子"那些"喜词"有能够证实的报告作为后盾，证明了她的外表、风度、厨艺等各方面确是胜人一筹，我们也许也能找到赞美她的理由。不过，倘若只有"怒词"和"喜词"而没有报告作为后盾，我们最多只能想到一个问题："你为什么会那么想？"此外就没有别的可以讨论下去了。

"里根总统是一位伟大的政治家，还是一个善于演戏的政客？""瓦格纳是有史以来最伟大的音乐家，还是在发神经病似的乱嘈乱叫？""网球和棒球哪一样是一种较好的运动？""支持堕胎的人是杀人犯，还是爱护孩子者？""反对枪支管制的人是疯子，还是自由的捍卫者？"像这类问题，只允许你在两个截然相反的答案中挑一个，因此，无论你赞成哪一方，你都把自己降低到了与对方同样固执愚蠢的程度。可是，我们若是能够换一种方式提出问题："你为什么喜欢（或不喜欢）里根（瓦格纳或网球）？""你为什么支持（或反对）堕胎（枪支管制）？"我们就可以对自己的朋友或近邻多一些了解。了解了他们的意见和理由，我们也会变得比讨论以前稍稍聪明一些，稍稍多知道一些，或是稍稍公正一点。

判断如何阻碍了思想

像"他是一个好孩子""那次礼拜仪式真美""棒球是一项健康运动""她非常让人讨厌"这样的判断性陈述是一种结论,总结了许多先前已经注意到的事实。许多学生面对老师布置的作文题目,常常写不到老师规定的长度,因为他们只写了一两段就把全篇意思都说完了,这一点读者朋友想必都很熟悉。他们之所以会写不下去,是因为他们在头两段文字里下判断太多,所以后面也就没有什么可说的。若是他们不是一开头就下结论,而是先讲看到的事实,绝对不会有写不长的困难。事实上,这样的作文往往又流于太长,因为一般没有经验的作者分辨不出哪些材料重要、哪些材料不重要,往往一听说要举事实,就会举得太多。

在一篇作文刚开始不久时就下判断,另外还会有一个结果,就是作者本人会一时看不清楚问题;我们在日常思考中所下的粗略判断也是如此。譬如说,倘若我们写一篇作文,一开始就说"他是一位地地道道的银行家""她是一位典型聪明伶俐的女生",如果我们想要再写下去,就非得使后面说的话与前面的判断相一致。这样一来,这位"银行家"和这位"女生"自身有什么特别的个性,也就完全顾及不到了。接下去所说的就不是看到的事实,而是作者个人从他以前看过的小说、电影、图画等中所得到的关于"银行家"或"聪明女生"的典型印象。换句话说,**判断下得太早,往往会使我们看不清楚近在眼前的事物**。即使作者在作文开始时心里十分肯定他要描写的人是一个"懒虫",他要描写的风景确是一处"美丽的世外桃源",他也应该认真地暂时把这种观念抛到脑后,以免阻碍自己的视野,看不清楚事物的真相。

偏倚（slanting）

在写作报告个人经验的文章时,我们会发觉:无论我们自己如何努力地设法不去下判断,还是无法完全避开。譬如说,我们可能会这样去描写一个人:

> 他显然已经好几天都没有刮过胡子。他的脸上和手上都是污垢,他的皮鞋前面已经开了口,他的大衣比他的身材要小好几号,上面满是干了的泥痕。

这样一段文字虽然没有下任何判断的话,但却包含着一种非常明显的意思。下面我们来把这段文字与另外一段也是描写这个人的文字对比一下:

> 虽然他的脸上长着胡须,好久没有剃过,可是他的眼睛是清澈的,走起路来笔直地望着前方。他看上去显得很高,也许是因为衣服在身上绷得太紧,所以更易给人这一印象。他的左臂下夹着一本书,后面跟着一只小狗。

这第二段文字增加了一些新的细节，又将其他对这人不利的细节移到不明显的地方，就使我们对同一个人的印象顿时改变了不少。所以说，我们的文章里就算不容许明显的判断插足，也免不了会有含蓄的判断钻进来。

既然如此，我们到底还有没有可能写出一个公正的报告呢？回答是：只要我们使用的是日常语言，就没有达到完全公正的可能；即使在极客观的科学语言里，有时也会很难办到。**然而，我们只要能够领悟到某些字词或某些事实会引起何种有利或不利的感觉，那么，就实用目的而言，我们就能达到足够公正的地步**。这一领悟可以帮助我们把含蓄的好坏判断进行一番衡量。倘若有人想学这种衡量的方法，他可以同时写两篇关于同一个题目的纯粹报告文，放在一起对比着念。第一篇文章里可以写一些可能会使读者对这一题目产生好印象的事实和细节，第二篇文章里可以写一些可能会使读者对这一题目产生坏印象的材料。例如：

好的	坏的
他有一口洁白的牙齿。	他的牙齿凹凸不平。
他的眼睛是蓝色的，头发是黄色的，很密。	他很少与人正视。
他穿着一件干净的蓝衬衫。	他的衬衫袖子已经磨损了。
他经常帮太太洗盘子。	他在擦盘子时常会打破几个。
他教区的牧师很是称许他。	他常去光顾的商店老板说他每次付账都会拖上几天。

同时向两边偏倚

故意挑选材料使读者对所写的题目产生好印象或坏印象这一过程就叫偏倚。偏倚的文字虽然并不发表显明的判断,但却故意使得读者无法避免作出某些判断,所以与报告有很大不同。想要写得公平的作者,可以设法在同一篇文章里同时向好坏两个方面偏倚,并力求做到双方平衡。下一步练习就是将上面所说的两篇对立的文章合写成一篇连贯的文字,将两方面的材料都包括进去。

  他的牙齿很白,但却不平;他的眼睛是蓝色的,他的头发是黄色的,很密。他很少直对着人看。他衬衫的袖子虽然已经磨破,但却很干净。他经常帮太太洗盘子,可也打破了不少。社会上对他的看法很不一致。他常去光顾的商店老板说他每次付账总要拖欠几天,不过他教区里的牧师却很是称许他。

这当然是一个过分简单而且确实不很优美的例子。但是练习写这种文章,第一个好处就是,它能使人不至于再不知不觉地,从能看到的事实一下子便跳到判断上去。也就是说,使人不至于从"帮会"忽然跳到"下流的流氓"。第二个好处是,它能帮助我们理解,在所有与我们自身利益有密切关系的问题上,例如我们的亲朋好友、母校、国家、就职单位、自己卖的货物、对手卖的货物等等,我们是很少真心想变得公平的。最后我们还会发现，倘若我们竭力遵照事实的话，即使我们并不想大公无私，也会写得更加清楚有力，更容易说服人。

像这样练习写报告文、偏倚的报告文、向两边偏倚的报告文，几个星期下来，就会增进我们观察事物的能力，并可帮助我们看出别人的文字里观察事实是否准确。若是我们能够更加敏锐地感觉出事实与判断、事实与推论之间的不同，那么面对有些人出于自私目的故意煽动起来的一阵阵狂热的舆论，我们也能变得比较镇定一些。有些人能够巧妙地运用偏倚的报告方法，使我们几乎没有办法不去得出可怕的判断和推论。**注意到偏倚技术的读者是不会那么容易受人愚弄的。他知道得很清楚，除此之外，另外可能还有其他有关的事实，故意没有给提起呢。**

发现自己的偏见

可是到了这里，我们必须警告一声。当一家报纸用了我们不喜欢的态度报道一则新闻，又用我们觉得不公平的方法把我们认为重要的事实给遗漏了，一个劲地渲染一些不重要的事实时，我们往往免不了会说："看呀，他们怎么能这样歪曲事实呢？多么下流的手段！"讲这句话的时候，我们当然是对该报的记者和编辑作了一个推论。我们假定报社的记者和编辑对什么重要什么不重要的看法和我们一样，因而推测那些记者和编辑故意突出强调某某几点，把读者引入歧途。可是，事实是否一定如此呢？置身局外的读者是否能够判定：一则新闻之所以如此报道，是因为记者和编辑"故意那么歪曲"，还是因为他们对那些事情本来就是那样看的呢？

需要指出的一点是：**每个人的经验都会先由他按照自己的利益和背景选择节略一番，因此我们大家（包括报社记者和编辑在内）所得到的经验都是一开始就是"偏倚"的**。一个拥护民主党、拥护天主教又极爱看赛马的人，对什么事情重要什么事情不重要的看法，一定会与一个对这三者恰好都毫无兴趣的人不同。同理，一个住在郊区别墅的银行家与一个住在城里贫民区的失业者，对什么事情重要什么事情不重要的看法更是截然不同。所以如果有些报纸在公共问题上好像常常偏袒大商人，它们倒不一定完全是"故意"偏心，而多半是因为在现代大城市里出版的报纸本身就是大企业，它们的老板自然也就成了大商人，在日常工作和生活中总是和别的大商人厮混在一起。虽然如此，一般最好的报纸往往都会尽最大可能设法将世界上的时局正确地告诉我们，不管他们的老板是不是大商人，因为办这些报纸的新闻从业人员认为，在所有疑难问题上，他们有责任把各种冲突的看法公正地叙述出来。这种新闻从业人员才是真正的"报告员"。

下面我们再回到谈作文练习上来。我们之所以要试着"向两方面偏倚"，重要的并不是希望自己的思想和写作真能做到像天神一般公正，这显然是不可能的，而是要发现我们大多数人都是何等拙劣的"记者"；换句话说，**既然我们不能不从自己的观点出发来看这**

个世界，我们就要明白自己所看到的是多么有限。就像一位哲人说的，发现自己的偏见是智慧的开端，摆脱自己的偏见是自由的源泉。我们若是带着偏见就无法做到公正，进而也就无法提供一幅恰切的地图。

要是有两个人争论，一个人说"合作社可以救美国"，另一个人说"合作社不适合美国"，他们最好就此打住不要再讲下去了。可是，倘若他们中有一个人说道："在我看来，合作社似乎可以解决我们的问题。"另一个人应道："在我看来，合作社似乎是一种相当恶劣的制度。"那么，他们之间还存在着继续交换意见的可能。就像伍尔夫说的，"人类间所有的协定或赞同与认可……都要通过语言的程序才能得到，否则根本无法实现。"我们需要感觉到自己的偏倚，而且酌量考虑到它，才能让语言的过程继续进行下去，最后也许就能和别人达成一致的意见。

[第四章]

前后文

字典上的定义往往只是另外用一组字来替代我们所不认识的字,这只不过是掩饰了我们并没有能够真正理解其所代表的事物。一个人遇到一个不认识的外文单词,查了下字典,知道它的意思是"莺",就不再向下追问了。"莺"究竟是什么?长什么样子?他一点也说不出来。我们并不是只要咬文嚼字就能真正了解人生和宇宙,我们必须与文字所代表的实物发生接触才行。字典上的定义反倒让我们能够将自己的愚昧隐瞒起来,不给自己和他人知道。

—— 休斯(H. R. Huse)

字典是怎样编成的

每个字都有一个正确的意义；我们学习这些意义的主要来源是老师和文法家（只是平常我们多半不愿费神学习，所以语言能力很差）；在所有关于意义和用途的问题上，字典和文法是最高权威——这几点几乎是没有人不相信的，可是却很少会有人质疑：究竟是根据什么样的权威，字典编纂者和文法家才会说那些话呢？大多数人顺从字典的程度可谓惊人。谁要是敢说"瞧，字典错了"，准会被人看成是精神不正常。

下面我们就来看看字典是怎样编成的，编字典的人又是怎样找到字的定义的。这里所讲的情形只适用于根据独立的直接研究结果编纂出来的字典，并不指那些抄袭几部旧字典攒出来的二手字典。要编一部字典，先要阅读许多书籍，对于这部字典所想要包括到的某某几个时代、某某许多问题的书籍都要看过。编辑们一边读一边便把每个值得注意或是很少看到的字，每个普通字的稀有或特殊用法，许多普通字的平常用法，连同它们的前后文，整句地抄在卡片上。下面就是一个例子：

> 桶
> 牛奶桶带了更多的牛奶回家了。
> ——济慈，《恩底弥翁》卷一，第 44—45 行

这就是说，他们不但收集了那个字，还收集了它的前后文。编一部大字典，就像那部平常差不多总是装订成二十五册的《牛津英文字典》——需要千百万张这样的卡片和几十年的工夫才能完成。卡片做好后，就照字母排列分类。分类完毕，我们就可以看到，每张卡片上都有一段引用来说明这个字的文句。有的字只有两三张卡片，有的字则会有上百张。

因此，要给一个字下定义，字典编纂者面前一定得有一堆解释这个字的卡片。每张卡片都代表一个在文学或历史上相当重要的人物某一次实际运用这个字的例子。编纂者仔细审读这些卡片，淘汰掉一些卡片，再仔细阅读余下的，然后再根据他个人所认为是这个字的各种不同意义，把这些卡片再分类放好。最后他才会严谨地照着放在他面前的那些字句所表示出来的某个字的各种意思，把定义写下来。编纂字典的人不能受他认为"某个字应该有什么意思"那种主见的影响，他一定得依据那些卡片工作不可。

因此，编一部字典并不就是发表许多权威性的理论，说明什么是什么字的"真正意义"，而是尽可能地将不同的字在过去作家的眼光中代表什么意思记载下来。字典编纂者是历史学家，而不是制定法律的人。譬如说，几十年前，编字典的人可以说"广播"是"散布"的意思，可是他们决不能在当时就下令指定，若干年后"广播"一定得代表"通过广播或电视等传播方式传递信息"。把字典看成"权威"，无异于承认字典编纂者有先见之明，这是任何人都做不到的。当我们说话或写作，无法决定用哪一个字的时候，我们可以将字典内记载的某个字过去的意义当作指导。可是我们不应受它的约束，**因为新的情势，新的经验，新的发明，新的感情，随时都在迫使我们用旧的字来应对新的用途。**例如，古时候的"钟"只能代表用来敲打出声的铜铁器，现在它则也指"时钟"。再如，古时候的"牢"指的是养牛马等牲畜的地方，现在它则是指关押人的地方。

言辞的前后文和具体的前后文

字典编纂者找寻字义的方法，事实上就是我们大家从小到老学习字义的方法，只不过是他们对其做了一番整理而已。譬如说，我们从未听过"木笛"这两个字，有一天有人谈话，其中有下面这些句子：

> 他从前是本地玩木笛玩得最好的一个人。……每次演奏到第三乐章的木笛部分，他总是十分兴奋……有一天我看见他在乐器店买一个木笛上用的新簧片……自打玩起木笛他就再也不喜欢玩长笛了，他嫌长笛太容易，不好玩。

我们原来可能并不知道这两个字的意思，可是听了这番话，就会逐渐明白它的意思。从第一个句子里，我们知道"木笛"是玩的，所以它不是游戏就是乐器。第二句指明了它不可能是游戏。之后每多听一句，木笛的意思就会变得更集中一些，直到我们最后得到一个相当清楚的概念为止。这就是我们怎样从言辞的前后文（即言辞与其周围言辞的关系）学到字义的例子。

但是，即使没有言辞的前后文，我们也一样可以从具体的和社会的前后文里学到字义。譬如说，你和朋友去玩足球，一边踢一边跟在球后面跑。你的朋友说："你还不知道怎样盘球，我来教你。""盘球"这个名词只消说过几次，你就知道它是什么意思。你把球踢给你的朋友，他说："这一下传得好。"你就又知道了一个新字。要不了多长时间，由于亲身经验，你就会知道"顶球""射门""越位"等名词的意思。要你下定义，你不一定会，可是应用起来，你却绝对不会出错。

几乎我们所有的言辞（上面已经说过，言辞只不过是复杂的声音）都不是从字典或定义学来的，而是因为在听见某些声音时就有某些实际情况随之发生，因此便将这些声音与那些实际情况联系在一起而学到了它们的意义。就像狗学听人的话一样，我们若是不断地把饼干放在狗的鼻子下面对它说"饼干"，过些时间它就会懂得这个词是什么意思。我们人类也是一样。我们之所以能学会说话，就是由于我们在听到别人发出某些声音时能够察觉到同时有什么现象发生——总而言之，由于察觉到了前后文，因而能够理解其中所包含的意义。

孩子们在学校里学习解释字义的方法，再明显不过地展现出他们是怎样把言辞与实际情形联系在一起的。几乎每次下定义的时候，他们总是会用具体的和社会的前后文来进行说明。"责罚就是你不听

[第四章] 前后文

话的时候他们把你关在小屋里不让你吃饭。""报纸是爸爸从报摊上买来看过后用来包垃圾的东西。"这些都是很好的定义。它们之所以不能用在字典里,主要是因为它们太过琐碎,想要把运用一个字时的无数实际情形全都一一记录下来,实在是一件不可能的事情。因此,字典上的定义是极为抽象的定义,因为要求简明,所以不掺进任何琐碎、特殊的例子。所以说,倘若我们认为字典上的定义能够将一个字完全解释清楚,我们就会大错特错,这也是理由之一。

外向意义和内向意义

从这里起,我们在讨论字义时就必须开始使用几个专有名词:一个是外向意义,也叫本义(denotation);另一个是内向意义,也叫转义或含义(connotation)。简单来说,一个声音的外向意义,就是它在外界里所指代或表示的东西。也就是说,外向意义是不能用言辞表达出来的,因为它就是那个字所代表的东西。想要记住这个

定义有一个简单方法：每次有人要你说明一个字的外向意义时，你只需一手捂着嘴，一手指着那样东西即可。

当然，我们不可能总是伸手去指字词代表的事物。所以，我们在讨论字义时应该讨论言语的"本义"。比如，谈论北京时我们不可能次次都伸手指向它，但是大家都能明白北京的本义是中国的首都。如果我们的身边没有一只猫，我们就无法伸手指出"猫"的外向意义，但是"猫"的本义则为这一类别的动物，包括猫 1（咪咪）、猫 2（喵喵）、猫 3（丫丫）……直到猫 n 。一个字或词句的内向意义，就是它在我们脑海里所引起的一切。大体说来，每当我们用别的字来解释一个字时，我们所告诉人的就是其内向意义或转义。想要记住这一点，你可以用手蒙上眼睛，把你想要说明的字在脑海里转了又转。

当然，许多词语都是同时既有外向意义又有内向意义。若是它们没有内向意义，也即它们在我们的脑海里引不起什么反应，它们就是没有意思的声音，就像我们听不懂的外国话一样。另一方面，有些话虽然也能在我们的脑海里引起许多感想，但却可能完全没有外向意义。"天使们每天晚上都会在我的床上面飞翔守望"，就是一句只有内向意义而没有外向意义的句子。但这并不是说在我们的床上面每晚没有天使守望。所谓没有外向意义，是指我们看不到，感触不到，照相照不出，又不能用任何科学方法来证明，到底有没有天使在那里守望。倘若我们万一与人争辩起这个问题，要想得到一个双方（基督徒与非基督徒，虔诚信神者与不信神者，神秘主义者与科学主义者）都满意的结论，简直就不可能。所以无论我们是否相信有小天使存在，只要我们事前就知道争辩这个问题绝对不会有结果，就能避免因此而闹到打架的地步。

相反，倘若一句话有外向的内容，譬如说，"这间屋子有四米五长"，争辩就有了结的可能。无论我们对这间屋子的长度有多少种不同的猜测，只要有人拿出一把卷尺，一切争辩都会打住。因此，内向意义与外向意义很重要的一点区别就在于：**倘若一句话有外向意义，争论可以有结束，双方也可达成一致看法；倘若一句话只有内向意义而没有外向意义，我们就可能而且常常会争论不休。**这种争论的结果只会造成无法调解的冲突。在个人之间，它们会破坏友谊；在社会上，它们常会破坏团体，形成水火不容的派别；在国际间，它们会使紧张的局势更加紧张，以致成为和平解决的障碍。

（人类一旦在对内向意义的理解上出现偏差，往往会在实际生活中造成悲剧性的后果；究其实质，语言本身可能就是悲剧的根源之一。）

这种争论可以称为"无意义的争论"，因为他们所赖以为据的论点，是无法搜集到可以感触得到的材料的（更不用说有时简直就是废话连篇）。读者朋友可以自己找点这类"无意义的争论"的例子！就连上面举过的那个小天使的例子，虽然我们既不想否认也不想证明小天使的存在，却也可能会引起有些人的反感！倘若我们从神学、政治学、法学、经济学、文学批评和其他平常很少有人注意到把有意义和无意义的材料分隔清楚的学问里选择例子的话，结果会引起怎样一番争执，读者朋友自己一定能够想象得到。

"一字一义"的谬论

凡是思考过字义问题的人自然都会注意到，字义是不断地流动变迁的。一般人往往将这一点看作不幸，认为它引起了"不合逻辑的思想"和"混乱不清的心理"。为了补救这一情形，他们可能会建议我们大家订立一项协定，给每个字都派"一个意思"，而且只能照那个意思用。可是他们跟着就会发现，我们即使请一群词典编纂者组成一个委员会，建立一个严厉的独裁机构，在每家报馆、每户人家的电话筒里都派一个检查员监察，我们还是无法使大家用同样的方法去用字。所以，想要让每一个字都有一个意义，实在是没有实现的可能。

然而，我们只要从另外一个完全不同的前提出发，就不至于走上这样的绝路。这个前提是现代语言思潮的基本理论之一，也就是说，**没有一个字能有两次意义完全相同**。我们可以用很多方法来证明这个前提很切合事实：第一，我们倘若承认"一个字的前后文决定着它的意义"这一前提，就会知道没有两个意义会完全相同，因为没有两个前后文会一模一样。一个极普通的说法："我相信"，在下面三个句子中就有三种不同的意义：

我相信你。（我对你有信心。）
我相信民主。（我接受"民主"这个词所包含的原理。）
我相信圣诞老人。（我认为圣诞老人确实是存在的。）

第二，我们可以举"壶"这样一个意思极为"简单"的字来作为例子。当约翰说"壶"的时候，那个字的内向意义是他所记得的一切壶的共同特征。当彼得说"壶"的时候，那个字的内向意义就变成是彼得所记得的一切壶的共同特征。无论约翰的"壶"和彼得的"壶"之间的差别如何微小，两者之间总还是有差别的。

第三，我们从外向意义观点来考查语言。倘若郭明、路虎、张亮、乔冰每个人都说"我的电脑"，我们就得要指出四个不同的电脑来，才能得到他们每个人用这个词时的外向意义。而且郭明今天说的"我的电脑"，和他明天说的"我的电脑"，会有不同的外向意义。

因为同一台电脑，过了一天（甚至一分钟）就不会再完全相同，因为一件物品慢慢地损耗、变化和毁灭的过程是始终不断地都在进行着的。虽然我们可以说一个字的意义在一分钟或者再过一分钟后变得极少，但我们却不能就说它一点不差，完全相同。

有些人武断地说，他们在一个字还没有说出来之前就已知道它的意义了。这句话完全没有道理。我们对一个字在事前所能知道的，只是它"差不多"的意义。那个字说出口后，我们才能根据它的言辞和具体的前后文去解释它的意思，然后再按照我们的解释去采取行动。研究一句话的言辞前后文，就像研究那句话本身一样，有助于我们了解到它的内向意义；研究它的具体前后文，则有助于我们找到它的外向意义。当路虎对张亮说"你可不可以把那本书拿来给我？"时，张亮便向路虎手指的方向（具体的前后文）望去，看见那里有一张书桌，上面放着几本书（具体的前后文），他再略一回想他们刚才的谈话（言辞的前后文），就懂得路虎要的是什么书了。

所以，解释字义必须以整个前后文为基础。否则，有时我们没能用对（习惯的）字眼别人却仍能了解我们这一事实就无法得到解释了。举个例子：

　　甲：看，天上飞着的那条蜈蚣多么好看！
　　乙：你是不是指那只风筝？
　　甲：可不是吗？我说的就是那只风筝呀！

一个字的前后文常常能将我们的意思指点得非常清楚，我们甚至都不用把自己心里的话说出来，别人就已经懂得了。

忽视前后文

因此，很显然，在解释字句的意义时，忽视前后文是一种愚蠢行为。在最严重的情形下，它很可能会变成一种恶毒的行为。某些故意危言耸听的报纸，往往会从一位名人的谈话里，不顾前后文抽出几个词来，给人造成一种完全错误的印象。这种"断章取义"的办法在国际宣传战中用得极多，在商业广告上也不能避免。譬如说，一位书评家评论一本新书"还够不上算是一本好书"。书腰上的广告就因此可能会引证他的话，说他称那本书是本"好书"。而且常常还会有人替这种行为进行辩护："无论怎么说，他不都是用过'好书'这两个字的吗？"

许多人在辩论时常常抱怨说，同样的字，对不同的人，可以有不同的意思。说实在的，他们不该抱怨，反而应该将这件事视为理所当然才对。例如"公道"这个词，差不多在每个人那里都会有不同的含义。美国最高法院有九位大法官，如果他们眼中的"公道"总是代表完全一样的东西，那才真是怪了！因为假如是那样，所有的决定就都该是全体一致通过，不会有不同意见。倘若杜鲁门总统心中"公道"的意思和斯大林心中的一样，那就更奇怪了。因此，**我们必须将"没有一个字能在两次不同的用法中有同样的意义"这条原**

则牢记在心，养成自动考查前后文的习惯，这样才能更好地去理解别人所说的话。可是在目前的情形下，我们却都有一种倾向，只要遇到一个听起来像是很熟的字，就认为自己已经懂了，其实却并没有真正了解。这样我们就容易乱猜别人的话，硬在里面找寻并不存在的意思，浪费力气，批评人家"故弄玄虚""歪曲字义"。事实上，别人唯一的过失只是他们用字的方法和我们不同。在这一点上，他们是不能自主的，过去和我们有着不同生活环境的人更是如此。"故弄玄虚""歪曲字义"的情形自然未始没有，然而，我们的猜测却也并不尽然全对。

当我们去研究历史或是与我们不同的文化时，前后文就变得特别重要。说"这间屋子没有电灯和自来水"，对一座1570年的英国房子来说，并不算是一句坏话，因为那时候还没有电灯和自来水；可是对一座1989年的芝加哥房子来说，就是一句很不利的批评。再如，我们倘若想要了解美国宪法，仅仅查一查字典，看看宪法中每个字是什么意思，是不够的。我们必须根据它的历史背景：生活状况、当时的思潮、流行的偏见、起草宪章的人可能有的利害观点等来研究它。无论怎样，1790年"美利坚合众国"所代表的领土大小和文化，与今日"美利坚合众国"所代表的有很大不同。在一些非常重大的问题上，我们所要查究的各种前后文（言辞的、社会的、历史的）的范围会十分广泛。

言辞间的相互作用

上面这些话并不是说，既然前后文如此重要，读者就可以直接把字典丢开。一个句子中的任何一个字——一段文字中的任何一个句子，一篇文章中的任何一段——固然都要靠着前后文才能将意义清楚地表达出来，但它本身也是全文中其他字、其他句子和其他段落的前后文的一部分。因此，在字典上查出一个字的字义，常常不但解释了这个字，而且也解释了包含这个字的句子、段落，乃至全篇文章或谈话。在一段连贯的文字里，每一个字都会互相影响。

我们既然已经知道了字典是历史性的著作，查用字典时心里就应了解："'花'这个字过去最常见的用途是指木本和草本植物所开的花朵"。进而我们就可以毫无问题地作出推断："倘若它从前是这种用法，那么它在这个句子里可能也是这个意思。"我们平常的做法都是先查一下字典，再回来读前后文，看看字典上的意思放在这里对不对，若是它的前后文是"油灯上结了一朵大花……"，我们也许就得更加仔细地去查阅字典了。

因此，对于解释字义，字典上的定义是一个无价的指南。世界上没有一个字只有一种"正确的意义"，可是一旦用到一种类似的情形上去，它却真的可以有一种"正确的意义"。这些类似的情形构成一个"字义区"（areas of meaning），字典的功用便是它能解释一个字在各种不同字义区里的意义。我们每次看到或读到一个字,就可以考查这个字的前后文和它所指出的外向事物(倘若可能的话),以决定它在那个字义区里占了哪一"点"。

[第五章]

有助于社会团结的语言

火炉里的煤块渐渐生了灰,
两只小狗还坐着呆呆相对,
一只小狗便向另一只挑衅:
"你再不说话,我就要作声。"

——童谣

用作表情的声音

解释词义的问题之所以会变得如此复杂,最大的原因是用语言说明事理的用法,与更古老而深刻的用法之间有着密不可分的关系。因此,我们日常生活中所用的言辞,只有一小部分可以说是纯粹说明事理的。我们完全有理由相信,人类将语言用作纯粹陈述事理的工具,在语言发展史上是比较新近的事。远在现代语言产生之前,我们可能是用各种不同的呼喊来表示饥饿、惧怕、寂寞、胜利和性欲等内心的欲望，就像低等动物一样。现在我们听到家畜们的呼喊，仍然可以辨认出各种不同的叫声，以及它们所表示的情形。在进化过程中，这种叫声逐渐分化，种类越来越多，所代表的意识的范围也越来越广。许多喉鸣和喋喋之声，原来并没有什么意思，也渐渐变成语言。所以我们现在的语言虽已进步到可以进行精确报告的地步，但是每个人差不多仍是先有表示内心的感觉然后（若有必要）再报告事实的倾向："啊！（表情）我牙痛（报告）。"前面讨论"怒词"和"喜词"时已经说过，我们有许多言辞和各种表情的姿势，就像痛楚时大声哭叫、恼怒时张牙露齿、触碰鼻子以示友情、手舞足蹈以示喜悦等，完全是一样的作用，只不过用的是声音。这种将言辞当成有声音的、表达情感的姿势运用，叫做前象征（presymbolic）用法。前象征用法与象征系统在语言里同时存在，我们每天所说的话都是将象征和前象征的成分彻底地混合起来的。

事实上，在我们的日常语言里，只要是表现任何强烈的感情，前象征的成分就会总是极为显著。倘若有人漫不经心地跨出人行道，而路上正有一辆汽车开来，旁边的人只要高喊一声引起他的注意，便可以救他一命，至于喊的是什么话、有没有意义，都无关紧要。因为真正传达给他必需的感觉的，是别人大叫时的响度和音调中所包含的恐怖的情绪，而不是他所用的字眼。同理，用严厉而愤怒的声音发号施令，比用普通语调发号施令，往往收效更快。这也就是说，人声本身就有表达情感的力量，和它说的话几乎没有多少关系。我们可以说"欢迎下次再来玩",而说话的语气却明白地表示出我们实在希望这位客人再也不要来了。又如,你和一位年轻姑娘晚上出去散步,从她说"今晚的月光好亮呀!"的语气中,你就可以知道她究竟真的是在欣赏月色,还是想要你去吻她。

一般幼小的婴儿,在能听懂母亲的话语之前,就已知道她的声音是代表爱惜、温柔还是烦恼。大多数孩子都会对语言中前象征的成分保持原有的敏感。成人中也有一些人不但能保持这种敏感,还能使它随着年龄增长而变得更为精密。我们称这种人为有"直觉",或是"异常机灵"。他们有本领解释说话者的声调、面部表情、肢体语言和其他各种表现其内心状况的征兆。他们不但留心说话者说些什么话,还留心说话者是怎样讲的。相反,凡是每天都要花费很多时间去阅读书面文字的人,如科学家、知识分子、簿记员等,往往只注意言辞的表面意义,而对别的一概比较容易忽略。倘若有位小姐要这样的一位先生吻她,她往往非得直说出来不可。

为发声而发声

有些时候,我们说话只不过是爱听自己说话而已。就像打球或跳舞一样,讲话能使我们产生一种活跃的快感。小孩子们一天到晚喋喋不休,成人们在澡堂里放声高歌,都只为欣赏自己的声音。有时,为了类似的前象征的理由,许多人还会在一起发出声音,例如群体合唱、团体朗诵、集体诵经等。在这些游戏里,大家所念的字词究竟是什么意义,几乎没有一个人会去关心。例如,在唱"带我回到弗吉尼亚老家去"那首歌[1]时,尽管我们可能从来没有去过美国的弗吉尼亚州,并且也毫无到那里去的愿望,但是我们仍然可以吟诵那些忧郁的思乡词句。

我们在社交场合中的会话也大都属于前象征的性质。譬如说,在茶话会和宴会上,大家都一定得谈话——谈什么都行:天气真不赖、足球队踢得真臭、女明星褒曼[2]最近主演的影片真棒……这种会话都有一个特点:除了极要好朋友间的密谈,一般对这些题目所发表的意见,从交换知识的观点来看,多半毫无价值,不值一谈。可是在那种场合下,一言不发是会被视为失礼的。一般招呼和送别时的客套话——"早安!""今儿天真好。""府上近来可好?""今天能看到你真是高兴。""下次进城请务必来玩。"——都是社交礼节上所认为必需的,不管你心里是不是这样想,不说就是你的错。我们每天都会遇到无数场合,不能不说几句话,不然就是没礼貌。每一个交际场合都有它自己的谈话方式:有些场合要高谈阔论,有些场合要细言密语,有些场合要俏皮取笑。从这些社交习惯上我们可以定出

---

[1] 美国经典民歌,出自19世纪黑人作曲家詹姆斯·布兰德(James Bland,1854—1911)之手。歌词如下:把我带回弗吉尼亚故乡 // 那里棉花、玉米和土豆在生长 // 春天来了鸟儿放声歌唱 // 老黑奴心中时刻向往 // 日复一日我为老主人辛勤工作 // 汗水洒在黄玉米地上 // 这是世上我最深爱的地方 // 弗吉尼亚,我出生的故乡 // 把我带回弗吉尼亚故乡 // 让我在那里入土安葬 // 我在"忧郁沼泽"边久久彷徨 // 这就是老黑奴梦中想要安息的地方 // 主人和夫人早已离我而去 // 我们将很快重逢在金色的天堂 // 那时我们将幸福快乐远离忧伤 // 我们永远团聚地久天长。(虎皮纱译)——编注

[2] 英格丽·褒曼(Ingrid Bergman,1915—1982),瑞典籍美国电影演员,三获奥斯卡金像奖,被誉为"好莱坞第一夫人",主演《卡萨布兰卡》《美人计》等。——编注

一个普遍原则：打破沉默本身就是说话的一个重要功用。我们生活在社会上，绝对不可能一直要等到"有事情讲"方才开口说话。

这种前象征的"为说话而说话"是一种活动方式，就像野兽的叫喊一样，我们大家聚在一起随便胡扯一番，就有可能结为朋友。虽然大家讲的话似乎是在传递信息（"昨晚国安队又赢了"），不过这种谈话的目的可不是为了沟通知识，而是为了建立交情。人和人之间有许多种建立交情的方法，比如，一起吃饭、一同游戏、一块工作等。但在这些集体活动的方法中，要数一同谈话最容易做到。在这类社交性的会话里，最重要的因素是大家一起讲话，至于谈些什么则并不重要。

因此，在选择会谈题材时，大家往往无形中都会遵循一个原则。既然这种谈话的目的是为了建立交情，我们就会小心翼翼地选择有可能立刻得到对方同意的题目。譬如说，现在有两个不认识的人碰到了一起，大家想要攀谈一番，或是觉得非得说上几句话不可，试想一想他们可能会说些什么：

"今儿天气好呀！"

"可不是吗？"（在第一点上已经达成一致，就可以放心地往下说了。）

"大体说来，今年这个夏天可真不坏。"

"一点也不错。今年的春天也好极了。"（第二点上达成一致，并且对方进一步邀请你同意他提出的第三点。）

"是呀，今年的春天真可爱。"（第三点上也达成一致。）

因此，大家不但谈话要在一起，意见也要一致。我们认同了彼此对天气的看法以后，就会进一步对别的事情达成一致——四周的田园多么美好，物价上涨得多不像话，去纽约玩几天倒是很好只是住在那里可吃不消……无论双方所谈的事情多么简单平凡，只要多达成一次一致，你对那位陌生人的害怕猜忌心理就会减少一分，做朋友的可能性也因之加多。倘若你们继续谈下去，发现彼此间有共同认识的朋友，或是在政治见解、文艺兴趣和嗜好上有相同之处，你就有可能和他成为朋友，真正的交情和合作也就可以开始了。

这里有一个我亲身经历的例子。1941年底珍珠港事件爆发后，美国国内关于日本间谍的谣言随处可闻，当时因为火车晚点我必须在威斯康辛州的一个火车站等上三个小时。随着时间慢慢流逝，我能感到其他候车者在用怀疑的眼神打量我。旁边一对带着孩子的夫妇更是显得不安，不住小声议论。我抓住一个机会跟那位先生说：在这么冷的夜里等车真是不走运，他同意了。我又说：这么冷的天带着这么小的孩子出行一定很不容易，他又同意了。我问起孩子的年龄，然后说与同龄孩子比他的孩子长得特别壮实。这次他不只是表示同意，脸上也露出了淡淡的笑容，先前的紧张气氛随之化解。

又聊过几句，他把话题转到了当时正在进行的战争上："你觉得日本人能打赢吗？"我说："你怎么看我就怎么看，我所知道的也就报纸上刊登的那么多。就我而言，日本缺煤缺铁缺油工业生产力有限,我不知道它如何能胜过美国这样强大的工业化国家。"我的话并没有什么新东西,同样的内容广播评论员和报社编辑早就说过无数次,但是这些观点听着熟悉,容易得到认同。他再次表示同意,并开始关心起我来:"现在正在打仗,希望你的家人不在那边。""我的父母和两个妹妹都在那边。""有他们的消息吗?""这种时候哪儿有什么法子?""你是说只有等到战争结束你才能看到或听到他们的消息?"他和他的妻子都是一脸同情地看着我。

后面还有一些对话这里就不说了,总之,对话进行了十分钟后他们已经邀请我去他们家。其他等车的人看到我与不可疑的人聊开了,也就不再注意我了,看报的接着看报,发呆的继续发呆。可以说,在这件事中我只是不知不觉间就运用了本章里提到的原则。实际上我只是想在那种场合下找到缓解自己被孤立的办法,换成大家处在我这种境遇很可能也会这么做。

维持交往

上面所说的社交性谈话,固然多半是敷衍式的陈腐滥调,没有多大意思,但在实际生活中却是不可缺少。因为它不但能使我们与别人有获得相同看法的机会,从而谈得来,还能帮助我们结交新朋友,开辟新的交往关系,同时还能帮我们和老朋友保持友谊,维持旧的交往关系。一般老朋友们,即使在没有什么特别的事情要谈的时候,也还是喜欢聚到一起聊聊天。同住一座房子里的人,或是同在一处办公的人，见了面总不免要找些话讲讲，即使没有什么话说时也是如此。他们之所以要这样，一是为了解闷，二则（这是比较重要些的一点！）是为了维持交情。

下述情形在许多对夫妇间都曾发生过：

太太：老公，你为什么不和我说话？

先生：（正在看一本哲学书，这下给打断了）什么？

太太：你为什么不和我说话？

先生：没有什么话可以说呀！

太太：你不爱我啦！

先生：（思路全给她打断，有点恼了）哎，别傻啦，你知道我是爱你的！（忽然觉得应该按照逻辑打破砂锅问到底）我有没有跟别的女人在外面乱逛？我是不是把工资全交给你了？我是不是在为你和孩子们做苦工，连命都不要了？

太太：（争他不过，可是仍旧不满意）可我还是要你说话。

先生：为什么？

太太：唔，因为——

某种意义上，先生的话当然是对的。他的行动是他爱情外向的证明，比任何言辞都要响亮有力。但在另一方面，太太也是对的。除非我们继续和人交往，否则我们怎能知道别人愿不愿意和我们来往呢？譬如说，有一位无线电工程师要检查一台扩音器是不是有毛病，就对着那台扩音器叫道："一……二……三……四……在试验……"他说的这些话固然没有什么意思，但在他说话的这个时候，却有很重要的作用。

仪式中的前象征语言

布道会、预选会、会员大会、"打气大会"和其他仪式繁多的集会，证明各种团体——无论是宗教团体、政治团体、爱国运动团体、科学研究团体、各种职业团体——都爱每过些时就大伙儿聚在一起，做些大家都熟悉的活动，穿上特别的服装（宗教组织穿僧袍，爱国社团穿制服等）一同聚餐，带上自己团体的旗帜、徽章或标记上街游行。在这种仪式里，总免不了要有几篇用传统词句写成，或是特意为这种场合创作的演讲词。这些讲词的目的并不是要给听众任何新知识、新感情，而是完全另有作用。

这些演讲究竟有什么别的作用，第七章"控制社会的语言"中会有一番更详细的分析。这里我们只来分析那些仪式性讲词中所用语言的一个方面。譬如说在许多美国大学，每逢和别的大学比赛足球之前，往往会召开一个"打气大会"，先把"本队"的队员介绍给他们早已熟识的同学们，然后是队员致词。那些雄赳赳的大汉子，一个个走上台来，讲几句前后不连贯、文法也不通的话，听众们则是热烈鼓掌。随后大会领导人便向大家许下不合情理的诺言，保证第二天如何痛击敌队，大家伙儿就连声欢呼。这种"欢呼"，事实上往往只是一串野兽似的喊声，按照极原始的节奏组织安排起来。散会后，没有一个与会者能比到会前变得更聪明，或是知识更丰富一些。

某种程度上，宗教仪式同样让人难以理解。因为主持仪式的牧师或祭司得照固定格式，用参加仪式的会众难以理解的语言（犹太教用希伯来文，天主教用拉丁文，佛教用梵文）念出一些词句，结果常常是一点知识也没有传给到场的人。

实际上，我们若是从客观立场去观察这种语言现象就会注意到，在这些仪式上，不管念出来的词句有什么意思，我们总是很少会想到它们。例如，我们大多数人都是机械地背诵主祷文，或者机械地唱着自己的国歌，而从来不去多想这里面的字句。从小时候尚未理解这些字句时起，我们就已学会背诵这一套套的词句。日后我们中的许多人仍在继续不断乃至终生念着这些词句，也不问它们的内容究竟是什么意思。可是只有肤浅的人士才会小看这些事，轻描淡写地说上一句"它们不过表明人类何等愚蠢"就算了事。我们决不能把这种词句看作"没有意义"，因为它们确实能够感动我们。一个刚刚走出教堂的人，对于适才听到的证道，内容如何，可能已记不清，可是心里却仍会有一种说不出的感觉，认为自己做了一场礼拜后，多少得到了一点"好处"。

这些仪式性词句（ritual utterances）到底给了我们什么"好处"呢？它们的好处就是"重新加强我们的社会团结"：一个基督徒觉得

和别的基督徒更加亲近，一个美国人觉得自己更是一个美国人，一个法国人觉得自己更是一个法国人。**正是靠着大家对一套套固定的言辞刺激有了共同反应，人类社会才得以维持完整，不致崩溃。**

因此，所有的仪式性词句，不论它们的内容是在别的场合里确实具有象征意义的文句也好，是外国文也好，是古文也好，或是毫无意义的声音也好，大都可以视为语言的前象征用法——也就是说，一套套根据习惯而来的声音，不传达意义，却带着情感（往往是团体情感）。在不属于那个团体的人听来，这种话语往往毫无意义。换句话说，当语言变成一种仪式，它所引起的效果，在相当限度内就会和它的词句原来的意义变得毫无关系。

给只管字面意思的人一个劝告

通常来说，语言的前象征用法都有这个特点：倘若必要，它们可以不用合乎文法、句法或是能够清楚地读出来的象征言辞，就能完成任务。事实上，即使所用的字眼一个都听不出来，它们也照样可以完成它们的任务。比如，群众的情绪在野兽间可以用集体大吠或咆哮这种办法来建立；在人类间，则有大学拉拉队、合唱，以及其他类似的集体喧嚷的动作，可以点燃起群众的情绪。向别人说"早！"或"今儿天真好"固然是表示友谊的办法，但是向人微笑，做手势，或者就像野兽之间那样碰碰鼻子和嗅来嗅去，也未始不能收到同样的功效。皱眉，大笑，微笑，跳上跳下，单是这些动作就能在不用说一句话的情况下满足许多表达内心情绪的需要。不过，在人类中间还是运用语言比较习惯。所以我们若要表示憎恨一个人，用不着把他打倒在地，只要狠狠地咒骂他一番即可。我们要组成一个团体，也不用像小狗一般挤在一起，只要订立章程和细则并制定仪式等，就能表现出我们的团结。

了解我们日常语言中所包含的前象征成分，是一件非常重要的事情。我们的语言不能只局限于对别人陈述事实和向人询问事实，我们所写所说的话不可能完全是一字不差的真话，否则，倘有必要，我们会连"今天碰到你十分高兴"这样一句简单的客套话都说不出来。一般特别爱吹毛求疵、自命为学问渊博的人士，常常说我们应该"讲真心话""说话算数""言之有物"，而这些自然都是不可能完全实践的规定。

不知道语言的前象征用法这一现象，在受过教育的人中出现较多，在没有受过教育而常凭直觉去感受这些事物的人中反倒出现较少。许多受过教育的人士在茶话会或欢迎会上，一听到一般客人谈论琐碎的小事，就断定除了他们自己，别人都是傻子。他们可能看到别人做完礼拜回来常常记不清证道的内容，就断定所有上教堂的人不是傻瓜就是伪君子。每逢听过一篇政治演讲，他们可能会觉得奇怪："怎么会有人相信这派胡言乱语？"有时甚至因此断定，一般人既然如此愚蠢，民主政治一定没有实施的可能。根据这些印象就得出许多丧气的结论，说我们的朋友和邻居如何愚蠢、如何虚伪，对我们的朋友和邻居来说实在是很不公平，因为这些结论往往是由于把象征语言的标准应用到部分或全部前象征语言现象上而产生出来的。

再举一个例子,也许就可以将这一点解释得更加清楚一些。假设我们的车胎泄了气,我们把车子停在路旁进行修理。这时一个外表看上去不很聪明但态度异常友善的青年人看见了,就跑过来问道:"车胎跑气了?"倘若我们硬要照字面意思去理解他的话语,我们会觉得他傻不堪言,而给他一个不客气的回答:"你没长眼吗?你这笨牛!"倘若我们不管他说的是什么话而领会了他的意思,我们就会对他这一善意之举报以同样友好的态度,而他也许就会在帮我们换车胎了。至于这个年轻人为什么不直说"我很乐意为你效劳",那是因为人们只有在听到彼此的心声确认对方喜欢自己的情况下才会信任对方,才敢直接表达。

同理,在人生和文学里,都有许多情况需要我们不要拘泥字句,因为这些字句真正的意义常常会比它们表面的意义更聪慧,更好懂。**我们之所以会对世界、人类和民主政治抱有许多悲观看法,至少有一部分原因就是由于我们无意中把象征语言的标准应用到前象征的言辞上去了。**

[第六章]
语言的双重任务

> 我们丢弃自己的尾巴已有许多万年,可是我们交换意见的媒介,却仍是那位住在树上的老祖宗为了适应他当时的需要而发展出来的……我们可以讥笑原始人对语言所抱有的错误观念,但是我们却不可以忘记,这个我们现在如此情愿倚重的语言系统,这个我们的玄学家们仍然公开用来探测宇宙本质的工具,正是原始人所创造的,而且可能也是其他几乎同样愚钝、同样无法根绝的错觉的来源!
>
> ——奥格登 & 理查兹
> (C. K. Ogden & I. A. Richards)

含义

前面我们已经说过,报告式的语言是工具性质的,也就是说,它是一种可以帮助我们把事情做好的工具。但是前面我们也曾说过,语言还有一种功用,那就是直接表达说话者的情感。从听者的观点来考查语言,可以说:报告式的语言能够增长我们的知识见闻;表情的语言(例如论断、前象征的作用等)则能感动我们,也就是说,它能打动我们的内心。感动人的语言有一种如同力量一般的性质。

比如,一句骂人的话会引起别人的回骂,就像打人一下别人也会打你一下,是同样的道理。一个大声果断的命令,就像推人一下一样,具有强迫人的力量。说话、叫喊和拍胸脯,都是表现自己精力的方法。说话时最能感动人的一个成分,就是声音的语调、强弱、好听或不好听,发声时音量的变化,以及声调的抑扬顿挫。

语言中另一个能够感动人的成分是节奏。节奏的意思是指某种听觉上的刺激,隔着相当固定的间歇,赓续出现,从而造成的一种效果。从小孩子打铜鼓时"咚""咚"的声音起,直到精巧的诗歌和音乐中微妙的音调变化为止,人类对节奏的感应一直都在不断地进步,并在作更精细的推究。节奏的目的就是要唤起注意和兴趣;事实上,节奏具有的感动人的力量是如此之大,即使在我们专心干别的事情,不愿分心的时候,它也能硬是引起我们的注意。西洋文学中的歌韵和中西诗歌中都有的尾韵,就是使某些类似的声音,每隔一段固定的时间便重复出现一次,以加强节奏的方法。因此,写政治口号和广告的人都特别喜欢用韵。比如中国抗战期间的口号："抗战必胜，建国必成""有钱出钱，有力出力"，和现在电视上常见的广告，"××可乐，新一代的选择"等。这些口号可能并没有多少说明的价值，但是因为它们的声音能在我们的脑海里引起一连串富有节奏性的回声，就算我们很想忘掉它们，也不是件很容易的事！

除了说话的声调和节奏，语言中另外还有一个非常重要的感动人的成分，那就是环绕着几乎一切言辞的快活或不快活的感情气氛。在第四章里，我们曾区分过本义（外向意义）和含义（内向意义，即心里的"意见""观念""概念""感情"等）。其中含义又可分为两种：说明性（informative）含义和感动性（affective）含义。[1]

说明性含义

一个字的说明性含义，就是指它经过大家公认并能用别的言辞表达出来的"客观"意义。譬如说，当我们讲到"猪"的时候，除非我们眼前真有一头猪，能够立刻指出来，否则就无法立刻指出它的外向意义。可是我们却能说出它的说明性含义："哺乳类四足家畜，常由农人饲养，用来做猪肉、咸肉、火腿、猪油等用……"这些含义，人人都能同意。

---

[1] 我们不用"情感"，因为"情感"往往有与理智对立，代表极强烈的感情的意思。"感动性"却不但代表强烈的感情，而且代表微妙的、有时不知不觉的反对；此外又不用牵涉"物质"与"情感"间不同的分别。——原注

可是也有一些时候，有些字的说明性含义，在日常生活中应用时，会因人地不同而发生极大的差异，比如英国的知更鸟（robin）和美国的同名鸟是两个完全不同的物种（前者的学名为 Erithacus rubecula，后者的学名为 Turdus migratorius），所以当我们希望特别准确时，必须用另一套有比较固定的说明性含义的专有名词来代替。一般动植物的科学名字就是这些专有名词，它们的说明性含义是由人们很谨慎地确定下来的。

情感性含义

另一方面，一个字的情感性含义是指它在听众心里所唤起的各种感情气氛。譬如说，一提到猪，就有人会想到"嚄！又脏又臭的东西，专在肮脏的猪圈里打滚"等。虽然每个人的情感不一定相同——有人喜欢猪，有人不喜欢猪——然而，正是因为有这种种情感存在，我们在某种情形下应用言辞时才能不顾它们的说明性含义，而只问它们的情感性含义。也就是说，当我们感情非常冲动的时候，我们常常会用在感动性意义上与我们内心吻合的词句来表达我们的情感，而不注意它们的说明性含义究竟怎样。因此，我们生气时就会骂人"猪""狗""牛""毒蛇"；要表示亲热时就称人"心肝""宝贝""我的肉"。事实上，所有表现情感的言辞都或多或少地利用了情感性含义。

所有的字词，根据它们各种不同的用法，都会有一些感动人的作用。有许多字词之所以能够流传下来，就是由于它们的感动性价值多过其说明性价值。例如，我们可以称"那人"为"那位先生""那个人""那家伙""那小鬼""那傻瓜""那狗东西"等，但是所指的却都是一个人，各种不同的称呼只不过代表我们对"那人"所产生的各种不同的感情。中国的许多商店都爱自己标榜为"老店"，以示老资格，虽然它们的货物并不一定很老。许多电影院都爱起一些冠冕堂皇的名字："环球""国泰""光明""大华""中央""国际"；化妆品爱用能引起人美感的名词："蝶霜""双姝""明星""蔻丹""芙蓉""绿宝"。你要告诉别人一件事,可以"敬禀""上呈""奉告""传达""通知""示知"。下面所举的例子，可以说明有时在外向意义不变的情况下情感含义却颇不相同：

熊猫队5：3痛击北极队。	比分：熊猫队5，北极队3。
她事事都管住丈夫。	她十分关心丈夫的事情。
我军迅即退却。	我军撤至预定防线，行动敏捷，井井有条。
我军向南溃退。	我军向南转进。
总督极为重视，并称一旦查明事实，就会发布正式公告。	总督正在考查中。

读过武侠小说的人都知道，若是一个坏人射死了一位英雄，小说家一定会说他放的是"冷箭"。若是一位英雄冷不防打死了一个坏人，那就是英雄"突出奇招"。

关于"禁忌的话"

有些字的情感性含义,往往会在实际应用时成为这些字本身的障碍,有时简直是极严重的障碍。譬如说,有些国家的上等社会阶层认为说"吃"字不够礼貌,对这个字都避而不用。很多人不说"吃饭",而是说"用饭""用膳""就餐"。"钱"这个字的情形也是一样。直接问人一个月挣多少钱是一件很没礼貌的事情,除非是公事调查。没钱的人常说自己"阮囊羞涩",别人"手头宽裕"。送账单向人要债,也只肯提"尊账""前欠""所缺之款,务请早日汇寄赐下"等等,不用"钱"字,虽然送账单的目的全是为了要钱。人们在饭店或电影院,问那里的服务生"休息室"或"洗手间"在哪儿,可是很少有人会真为休息或洗手而去。"那么你去那里做什么呢?"你若是追问一位绅士先生或太太小姐,他们可能会立马变得满脸通红。由于人们普遍容易混淆符号与其象征事物之间的关系,对死亡的恐惧自然也就使得人们非常忌讳与死亡相连的词汇。许多上岁数的人都不愿说"死"字,一提起自己早已不在人世的亲戚朋友,总说他们不是"归天""归西"就是"长眠""仙逝"了。每种文字里都有许多这种带有情感性含义、不很愉快或可取的字,因此也就有许多人除非真正没有办法,总是会想尽一切办法不去用它们。

描写生理或性,以及和这些题目稍微有些关系的字词,都被认为是含有极强的情感性含义,特别是在美国。19世纪时,美国高贵的夫人和小姐们不肯说"胸""腿"这些字,甚至在吃鸡时都是如此,因此也就只好用"白肉""黑肉"来代替"鸡胸""鸡腿"。"上床"也不够文雅，要用"就寝"。在收音机里，有许多字词是广播时不许用的。有些被请到电台播音的科学家或医生，就因他们的演讲词中出现了一些很常见的生理名词，如"肚子""大便"等，被认为是禁忌之言，便被取消广播。用不够精确的字词来代替太过粗俗或吓人的性学词汇，会使人不明白医学或专业词汇是什么意思，致使许多人难以获得事关这些敏感问题的信息。

可是，那些被视为严厉禁忌的言辞却有一种真正的社会价值。当我们怒不可遏，觉得需要用粗暴的方式表示我们的愤怒时，说几句平常认为不雅、认为禁忌的骂人话，也许就能使我们不至于乱跑乱打人，把家具都给摔坏了，而能用一个比较无损大体的替代品，骂别人几句出出气。就像汽锅上的安全阀一样，它们能使我们不至于在紧要关头突然爆炸。

为什么有些字词会有那么强有力的情感性含义，有些字词虽然说明性含义相同，情感性含义却要弱得多？这是一件很难完全解释清楚的事情。有些平常不许说的话，特别是与宗教有关的话，显然是起源于我们从前相信语言有魔力这一心理。以前中国乡下的许多老太太们不许人用"土地""灶神""雷公"发誓赌咒，她们认为那样做会亵渎神明。但是，我们别的禁忌之言并不完全和迷信有关。有些心理学家认为，我们之所以不许人用有关生理或性的"脏"字，可能是因为我们内心里虽都存有某种情感，私下却感到惭愧，甚至对自己都不愿承认，因此我们才会恼恨那些会使我们想到那种感情的话和说那种话的人。这一解释恰可证实一个相当普遍的看法,也就是说,**有些"热衷道德"的人之所以会竭力反对"龌龊""下流"的书籍和电影,并不是因为他们的内心特别纯洁,而是因为他们的心理特别病态。**

种族与语言

正是因为有些字词能同时引起说明性含义和情感性含义,所以一讨论起有关宗教、种族、国家和政治团体等题目,事情就会变得特别复杂。在许多美国人心中,"共产党"一词同时有以下两种意思:"相信共产主义的人"(说明性含义)和"应该关入监狱或驱逐出境的人"(情感性含义)。许多用来代表有些人不喜欢的职业的名词(如"扒手""流氓")和不喜欢的宗教派别的名词(如"无神论""异教徒"),往往都是在告诉我们一个事实的同时,也带来了一个有关那一事实的判断。

在有些比较容易引起强烈偏见的问题上,我们有时不得不采用迂回婉转的说法,以免产生偏见。例如,我们称演戏的人为"剧人"或"演员",而不叫"戏子";称理发的人为"理发师",而不叫"剃头匠";称开汽车的人为"司机",而不叫"汽车夫"。我们之所以要用这些好听些的名词,是因为另外那些比较率直的名词不但带有很强的情感性含义,而且容易引起误会。有些头脑简单的人认为我们这样做不过是在用好听的名称去骗人,这其实是不对的。真正的原因是那些旧名词充满了传袭下来的偏见，我们一用它们说别人，很容易让人联想起过去人们对他们的看法。譬如说，新中国以前"戏子"的社会地位很低，称一个演戏的人为"戏子"，可能会被视为是种侮辱。"剃头"在历史上也有不愉快的含义，所以也得换一个比较文雅的新词。

我们上面已经说过，每个字的意义都是因人而异，因前后文而不同。美国俗语里有两个词："夹泊"[1]和"尼格"[2]；通常虽不免会带有一点侮辱的性质，可是有时却也只是平常的名词，毫无轻蔑之意。在有些社会阶级和地区里，有些人只知道"夹泊"叫日本人，不知道另外还有别的叫法；在另一些地区，有些人只知道"尼格"，不知道还有别的名词可以称呼黑人。有些人因为不知道不同阶级和地区的人对一个字会有不同用法，以至于无端地生出许多烦恼。凡是相信字词本身就包含一定意思的人，往往无法理解一个字可以有各种不同的用法这一简单道理。譬如说，作者认识一位日本婆婆，她以前住在加州，在加州"夹泊"一词往往含有侮辱之意；现在她搬到了芝加哥，在芝加哥"夹泊"往往只是指日本人，并没有别的意思，可是她每次听到这个词都会感到深受侮辱，连在报上称赞日本人的新闻标题里看到这个词都会忍不住生气。

对多数黑人来说，"尼格"一词也有相同的作用。杰出的黑人社

---

[1] Jap，俗语，"日本人"（Japanese）的简称。——编注
[2] Nigger，指黑人（Negro）。——编注

[第六章] 语言的双重任务

会学家杜波伊斯（William Dubois），年轻时曾一路搭人便车，到离家很远、很少看到黑人的地区去旅行，后来他在书中讲述了这次旅行时遇到的故事。那时他碰到一对白人夫妇，留他在他们家吃住，待他非常友好，十分和气。可是他们老是不断地叫他"小尼格"，他虽然很感激他们待他这么好，但是这件事却使他异常烦恼。最后他终于鼓足勇气，请那个人不要再叫他"这个侮辱的名词"。

"谁侮辱了你，孩子？"那个人问道。
"是你，先生。你老是用来叫我的那个名词。"
"什么名词？"
"呃……你知道的。"
"我没有用什么坏名词叫你呀，孩子。"
"我的意思是说，你叫我'尼格'。"
"得啦，那有什么侮辱你的？你可不就是一个'尼格'吗？"

杜波伊斯在书中写道："当时我绞尽脑汁也没能想出一个回答来，现在我也还是没有十足的把握能够找到答复。"

虽然这件事已经过去了很多年，但是假如杜波伊斯先生现在也在读这本书，我们倒是很愿意给他一个回答。在当时那种场合下，他可以这样对他的恩人讲："先生，在我老家一般尊重有色人种的白种人都叫他们'尼格罗'（Negroes），只有那些想要表示自己轻视有色人种的人才会叫他们'尼格'。我希望你并没有轻视我们的意思。"假如那个人的内心也真像他的行为表现一样的好,他则可以这样回答:"哦,原来如此,对不起,我刚才得罪了你,孩子,但是我自己并不知道。"这就行了。

在这些有关种族、宗教、不同的政治和经济见解,以及其他争论纷纭的问题上所用的语言中,另外还有一个有趣的事实值得记载下来。读者朋友想必都知道,有些自命不凡的人相信"做人应该坦白""直言无忌"。所谓"直言无忌"(用"直言"这个名词的人,本身就已犯了第二章中所说的对"正确的名词"的迷信),通常是指用一个有着最坏、最不愉快的含义的名词去称呼某人或某物。作者常常觉得奇怪:怎么会有人能够做了这样一件卑鄙的事情还自觉坦率到处标榜自己?为了使得思路清晰,我们有时不能不开禁,用些平时"禁忌"说的字词,但在多数情况下,"直言无忌"只是给了我们一个方便的机会,使我们又能回到已被文明社会摒弃的旧的价值标准和行为规范上去。

语言的日常用途

综上所说,我们可以看到,日常生活中所用的语言与第三章里所讨论的"报告性"语言颇有出入。与报告里的字词一样,我们在日常生活中也必须选择正确的字词,使它们能有我们所需要的说明性含义,不然读者和听者都会弄不清楚我们究竟在讲些什么。此外,我们在日常语言中还得将我们想要的情感性含义也传给那些字词，使读者或听者能被我们的话语感动或产生兴趣，进而和我们产生同样的感觉或态度。几乎在所有普通谈话、演讲、劝说的文字和文学里，我们都得面对这一双重任务。可是这个任务大部分是靠直觉完成的。我们会不自觉地自动选择与我们谈话内容适合的声调、节奏和情感性含义。相比之下，对于谈话的说明性含义，我们则能做到多几分有意控制。所以，**我们要想增进自身理解语言和运用语言的能力，就不能专靠加强我们对语言的说明性含义的认识，而是还得依靠社会经验，在不同的情形里与不同的人打交道和阅读文学作品等方法，使自己对语言的情感性成分能有更加深切的了解。**

最后，下面是在所有使用语言的场合里都会发生的几种现象。

（一）说明性含义可能不够充分，甚至容易让人误解，但是因为情感性含义的内容相当清楚，因此我们仍然能够对这句话作出一个正确的解释。譬如说，当有个人说："猜猜看，我今天看见了谁？老——他叫什么名字呀？——哦，你知道我说的是谁。——啊哟，那个老家伙住在……哦，——那条街叫什么名字？"这番话里虽然一个名字也没有说出来、什么都没有说清楚，但是显然有其他不是说明性的方法，使我们能够了解话里指的那个人是谁。

（二）说明性含义足够正确，外向意义也足够清楚，可是情绪内容却极不恰当，容易让人误会或见笑。当有人咬文嚼字时，这种现象常会发生。例如："那缸水太浑浊了，所以我就放了些硫酸铝钾。"所谓硫酸钾铝，其实也就是我们平常所说的明矾。

（三）说明性含义和情感性含义都"听起来没有问题，但在'地图'上却没有这样一块'地域'"，譬如说，"他在芝加哥南边一点的美丽山区住了好多年"。可是，芝加哥南边一点并没有山岳地带。

（四）说明性含义和情感性含义都可以故意用来创造虚幻的"地图"，代表实际上并不存在的"地域"。我们之所以有时会想这样做，理由有很多，这里只需指出其中两点。第一点，我们可能想要给人以美感。随便举个例子：

> 乘蹻追术士，远之蓬莱山。
> 灵液飞素波，兰桂上参天。
> 玄豹游其下，翔鹍戏其巅。
> 乘风忽登举，仿佛见众仙。
>
> ——曹植，《升天行》

第二点，我们能够因此而筹划未来。譬如说，我们可以讲："假定这条街的尽头有一座桥，正街上繁忙的交通就可以分流一部分到桥那边，而不至于像现在这样拥挤，买东西也不用都挤在那条街上。"仔细想象出可能发生的情况后，我们就可以根据自己对这种可能的结果的反应，去赞成或反对造桥计划。下一章我们就来讨论，我们目前所说所写的言辞与未来的事件有什么关系。

[第七章]
控制社会的语言

> 一大串动听的词句对人类的行为有什么影响,还从来没有人对其做过适当的研究。
>
> ——瑟曼·阿诺德(Thurman Arnold)

促成事情发生

语言和事物之间最有趣可能也是最少有人懂得的关系,就是语言与未来事件间的关系。譬如说,当我们讲"到这里来"的时候,我们既不是在描写四周的外向世界,也不只是在表达自己的感情,而是在想促成某些事情发生。

所谓"号令""恳请""要求""命令",都是我们使用言辞促成事情的最简单办法。可是另外还有更加婉转的说法。例如,当我们讲"我们的候选人是一个伟大的美国人"时,我们当然是在热诚地赞扬他，但是我们也可能是在想影响别人，要他们投票选举他。再有，当我们说"我们这次与敌人的战争是上帝的战争，按照上帝的神旨，我们一定会得胜"，这时我们所说的话是无法用科学证明的；然而，它却很可能会影响别人，使他们帮助进行战争。有时我们虽然只不过是随随便便地说了一个事实："牛奶里含有维生素"，却也可能是有意想要影响别人去购买牛奶。

我们再来看一下下面这句话："明天两点我和你在国家图书馆前碰面"。这样一句关于未来事件的话，只有在一个符号与现实完全无关的语言系统里才能做到，这一点我们后面就会看到。就像历史上的记载一样，未来同样是人类特有的领域。"明天吃肉"这句话对一条狗来说毫无意义。它只会焦急地看着你，希望马上就能有一块真肉进嘴。松鼠们当然会为马上就要到来的冬天积存食物，可是它们只知道一味地积存食物，却不问积存的食物是否已经超出自己的需要。这两个例子足以说明，这种平常称为"直觉"的行为，是既不受符号也不受其他能解释的刺激管辖的。只有人类才会在听到"下周六""下次结婚纪念日""我答应一定在七年后的今天付款""终有一天，也许是在500年后"这些话时作出有意义的反应。这也就是说，我们可以先画出地图，即使它们所代表的地域还没有成为现实也不打紧。有了这种代表未来地域的地图，我们对未来事件的预测就能做到相当准确可靠。

因此，有了语言这一工具，我们就能影响未来的事件，并可以对它们拥有相当大的控制力量。作家写文章，教士传道，雇主、父母和老师们的责骂,宣传员发表消息,政治家演说,都是为了这个缘故。虽然他们的动机可能会有所不同——有时是为我们好,有时是为他们自己好——可是他们都在想影响我们的行动。这种想用言语来控制、指导并影响别人未来行动的努力,可以称为语言的指示性用法(directive uses of language)。

倘若我们想用指示性语言去指示别人,这种语言显然决不能是笨拙或无趣的。要想影响我们的行为,它必须应用语言里所有的情感性成分!有韵味的音调变化、音韵和节奏,喜吠和怒猜,极能感动人的言辞,不断的重复等等……若是没有意思的声音能够打动听众,我们就必须发出一些没有意思的声音;若是事实能够打动他们,我们就必须列举事实;若是高贵的理想能够感动他们,我们就必须将自己提出的意见说成颇为高贵的模样;若是他们只有害怕才会有反应,我们就必须好好地恫吓他们一番。

在指示性语言里我们用哪种方法最能感动人,当然必须视我们目标的性质而定。假如我们想要指导别人使他们变得友好些,我们显然不会想要引起他们残酷或仇恨的感情。假如我们想要指导他们使他们的思想和行动能够变得聪明些,我们显然不会愿意用不合理性的方法去感动他们。假如我们想要指导别人去过一种更好的生活,我们所用的方法必须要能引起他们高雅的情感。因此,许多最伟大的作品,如圣经、佛经、孔子的著作、约翰·弥尔顿拥护言论自由的文章(《论出版自由》)和林肯主张民治、民有、民享的那篇著名的葛底斯堡演讲词等,都是指示性言辞。

可是我们有时也会感觉到，语言本身的力量不够感人，无法得到我们想要的效果，所以我们就会使用许多种非语言的感动方法来弥补指示性语言的不足。我们一边说着"到这里来"，一边做着手势。当广告商想要宣传某种牙膏能使太太小姐们展齿一笑百媚生时，他们不是只用文字描写一番就满足了，而是还要配上彩色图画吸引人的眼球。攻击罗斯福总统实施"新政"的报纸，不单是把"新政"描写成是一种"威胁"，他们还刊登政治漫画，把"新政"的支持者画成一群疯子，将炸药藏在一些美丽的、上面写着"美国生活方式"的房屋底下。证道和传教场所往往会利用服装、焚香、仪仗、歌咏、教堂钟声等方法，增加引起人们感情的效用。政党候选人在进行竞选时，除了四处发表演说，还有种种别的办法来吸引投票者，例如军乐队、旗帜、游行、野餐、宴会、免费分发雪茄烟等。

假如我们只想要别人做某些事（不管他们心里会怎么想），我们就会不择手段想尽一切方法去吸引他们。有些政治候选人只求我们投他一票就行，无论我们投那一票的理由是什么。因此，倘若我们恨有钱人，他们就会替我们痛骂有钱人；倘若我们不喜欢罢工，他们就会替我们大骂罢工；我们喜欢吃什么，他们就会请我们吃什么；大多数人喜欢听舞曲，他们就会不谈政治问题，专雇一支乐队一个劲儿地演奏舞曲。

此外，很多商店也是只求我们买他们的货，无论我们出于什么理由考虑。因此，倘若我们能因错觉或幻想而买他们的货，他们就会设法制造错觉和幻想；倘若我们想要恋爱成功，他们就会允诺我们情场得意；我们若是喜欢看穿泳装的女郎，他们就会设法将穿泳装的女郎和他们的货物硬拉在一起。至于他们推销的是剃须膏、汽车、冰淇淋、油漆或五金，全都没有关系。假如不是受到法律限制，他们画上的女郎也许会连泳衣都不穿了呢。你只要打开任何一份销路极广的杂志，就可以看到有些广告商的所作所为简直是无所不用其极。

指示性语言里的诺言

除了那些随着指示性言辞而来，纯粹以吸引注意或是创造快感为目标的情感性成分（包括语言性的和非语言性的），比如一再重复的美丽辞藻、广告里悦目的色彩、政治性游行中的铜乐队、美女画等，差不多一切指示性言辞都是谈及未来的事情，它们有的是明白说出，有的是含蓄暗示，但都是代表尚不存在的地域的"地图"。它们或明或暗地指示我们，做某些事情就会有某些结果发生。譬如说："假如你选举我，我就会减轻你的捐税""照着这些宗教伦理过日子，你的内心就能得到平和""只要读这本杂志，你就能知晓最新潮流，不致落伍"；在这众多的诺言中，有的真能办得到，有的却不能——事实上，我们每天都会碰到显然是无法做到的诺言。

有些人认为广告和政治宣传都是专以"诉诸感情"为能事的指示性言辞，因此很是反对这两者。这种过虑完全没有根据。因为指示性语言若是没有某种刺激情绪的力量就会一点用处也没有。我们并不反对募款赈灾活动中使用"救人一命胜造七级浮屠"一类诉诸情感的话语。当人家对我们讲大道理或是畅谈爱国热情时，激起我们爱家庭、爱朋友、爱民族的情绪，我们也不反对。对所有的指示性语言来说，重要的问题是：倘若我照你所说的那样去做，结果是否便能如你所允诺的那样？倘若我接受了你的哲学，我的内心是否就能得到平和？倘若我投了你的票，你上台后我的捐税是否就能减轻？我用了迷人牌香皂，我的男朋友是不是就会再来找我？

我们反对广告商许下不兑现或是会给人错误印象的承诺，反对不讲信用的政客，这是对的。虽然我们也得承认，就政客而言，有的人有时实在是因为身不由己，才会在允诺下某些事情后又因环境不许可而无法做到。人生既然如此瞬息不定，变幻莫测，我们就必须不断设法推测未来的变化，早作准备。指示性言辞的任务就是要告诉我们怎样才能使某种如意的事情变为现实，怎样才能避免不如意的事情。如果它们所说的关于未来的话语能够算得上可靠，我们生活中不安定的成分就会减少很多。可是，倘若你所用的指示性言辞不尽可靠，将来的变化和你所允诺的不同——我们虽然照你所说的做了，却仍然得不到满意的结果：捐税没有减轻，内心没有得到平和，男朋友也没有再来找我，我们就会产生失望感。这种失望感固然是轻重不同，因人因事而异，却无论如何都是一种十分普遍的现象。其中一些最常见的，我们早已司空见惯，懒得埋怨。但是它们却有严重的意义。**人类之所以能够相互合作，聚集成一个社会，全靠他们相互间的信心。每失望一次，这种信心就会多少有一点亏损。**

所以，**每一个用指示性语言作出或明或暗允诺的人，都有道义上的责任，必须尽力确保其有足够的把握——世界上不存在百分之百的把握——以免在他人那里引起无法实现的期望**。允诺立刻消灭贫穷的政客；建议别人在家里使用另一种牌子的肥皂，这样不和的夫妇便能重归于好的广告商；警告读者必须投票选举某一个他们喜欢的政党，以免出现亡国危险的报纸——说这些无聊话的人，基于上述理由，都会危害社会秩序。这些给人错误印象的指示，不论是因愚昧或误解而发，或是存心欺骗，都没有什么分别，因为它们给人造成的失望感同样有损人类间的信心。

社会的基础

无论如何，不管教士说得多么冠冕堂皇，宣传员讲得如何娓娓动听，他们终究都无法创造出一个社会。像这种指示性话语，我们只要不想听，完全可以不听，然而另外有些指示性话语，倘若我们想要团结成一个有组织的社会，就不能不予理睬，现在我们要讨论的就属于这一类的例子。

我们所谓的社会是由许多人互相同意而形成的一个大组织；我们同意不杀我们的同胞，别人也同意不杀我们；我们同意在开车时靠着马路的左边或右边走，别人也同意这样做；我们同意递送某一种货物，别人同意货到付钱；我们同意遵守某个团体的规则，那一团体同意我们享有它的特权。这一由无数协定形成的复杂组织几乎包括了我们生活中的每一件琐事，而且也是我们生活中大多数期望的基础。它的主要成分是无数关于我们应当用自己的力量去力求实现的未来事件的语言。没有这么多的协定，就不会有社会这一回事，我们可能仍然会在粗陋而孤独的洞穴里局促地生活着，不敢相信任何人。有了这些协定和绝大多数人都愿意按照这些协定生活的意志，人类的行为才开始有种种可以预测的规范，人类的相互合作方才成为可能，自由和平也才能建立起来。

因此，为了使人类能够继续生存下去，我们必须互相强制，勉强别人接受某种行为规范。我们必须使一国或一地的公民遵守该国或该地的风俗习惯，使做丈夫的对妻子忠实，做军人的勇敢，做法官的公正，做老师的关心学生的幸福。在早期文明里，要使别人按照某种规范行动，主要方法当然是实际加之于身体上的强迫举动。可是人类一定是在有历史后不久就已发现：用语言——指示性言辞——也可以取得同样的控制效果。因此，在整个社会认为对其自身安全具有重要关系的所有事情上，它所用的指示性语言也会变得特别有力量，这样那个社会里的每一个分子就都能感受到自身的责任。为了要使这种指示特别有力，我们常常规定，凡是无视这些指示的人都要受罚，在其造成的后果比较严重的情形下，甚至可能要受酷刑或死刑。

有集体制裁作为后盾的指示

这些有集体制裁作为后盾、为了全体利益而强迫个人遵守种种规范的指示，在语义学上是最有趣的现象之一。它们不但往往有仪式相伴随，而且它们本身往往就是仪式的主要目的。除了它们，可能也就没有别种语言更为我们所看重，更争执得厉害，对我们生活的影响更深。国家宪法、团体章程、法律合同和就职誓言使用的大都是这种语言。结婚时的盟誓，教堂里的坚信礼，就职时和入会时的仪式，也都以这种语言为主。那些看上去无比复杂的法律，事实上只是将历代累积编纂起来的指示性语言加以系统化。法律是一个社会用了最大的努力使人类能够按照固定标准而行动的一种工具。

在集体制裁下发出的指示性语言，可能会展现出下面任一或所有特征：

一、这种语言差不多总是由富有情感性的字眼构成，以便给予别人适当的印象和敬畏感，因此里面往往会有一些日常语言里所没有的古文陈语和夸张的词句。中国结婚证书里常爱用的四六骈文（百世芝兰，千年好合；相不犯岁，命星大吉；永结秦晋之好），公文里惯用的"等因奉此"套语，都是有趣的例子。

二、这种指示性文字里往往会出现恳请上苍为我们作证、帮助我们守信，以及倘若我们不能遵守约言则甘愿受罚等词句。乡下人赌咒时说"倘若不然天打雷劈"，教堂里祈祷或忏悔时哀求上帝，在法庭中对着圣经宣誓等，都是这种使我们记得自己的诺言是多么神圣不可轻视的方法。

三、倘若没有说上帝会惩罚失信的人的话，这种指示性语言往往会声明或暗示别人会惩罚我们。比如，不履行抚养义务会被关进监狱，毁弃具有法律效力的约定会被起诉，官员贪腐会被开除官职。法律制裁、批评、检讨等都是人类惩治人类的方法。

四、正式公开宣誓前常会预先接受各种相应的训练。例如：宣誓前先要学习将要立下的誓言有什么意义，牧师就职前的绝食和苦行，原始民族里将要被立为武士者必须经过的种种体刑，大学生进"兄弟会"或是新入学时的"拖尸"等。

五、使用这种指示性语言时，同时还可能有别的姿势或活动，以便到场的人能够记得更牢。例如，法官步入法庭时，每个人都要起立；皇帝或女皇加冕时会有大游行，还得穿特别的服装；学校举行毕业典礼时，毕业生要穿学士服；结婚时，新郎、新娘和傧相等都要穿礼服。

六、宣誓之后，接着可能就会有宴会、舞蹈和其他种种狂欢的表示，其目的也是为了要使大家对所立的誓言能有一个更加深刻的印象。例如，婚礼后有吃喜酒、跳舞会或闹洞房等；毕业时有毕业典礼；新官上任有接风宴；就是在最贫寒的家庭里，遇到婚嫁大事也不免会有一番庆祝。在原始社会里，每换一位新酋长，都会有持续几天乃至几周的宴会和舞蹈。

七、倘若第一次立誓时没有举行特别仪式，我们就会一遍又一遍地重复这些誓言，以求获得想要的效果。许多国家的人民都得常常对着国旗或领袖的画像宣誓。我们大家耳熟能详的口号，就是简洁有力的指示。在香港，"不准随地吐痰"的告示在电车、轮船或银幕上随处可见。这就是想用屡次重复的方法，使人们记住自己的责任。

这些伴随指示性语言而来的活动，以及指示性语言中的情感性成分，有一个共同特征，那就是，它们能在人们的记忆里留下深刻印象。任何一种从感官得来的印象：从入会礼或庆祝晋升为武士的典礼上所受的痛楚，到场面宏大的音乐表演、别具特色的锦绣衣冠、富丽堂皇的环境等种种乐趣，都可能会在人的心里时时浮起，抹灭不去。任何一种感情，从害怕上苍责罚到成为大家关注的中心那种得意洋洋的感觉，都可能会被激发出来。使用这些方法的目的，就是要使和社会订立契约的那个人——那个为尚未存在的地域先画好了地图的人——永远不会忘记他该设法使那一地域能够真正存在。

由于这些理由，婚姻、受洗礼、总统就任、牧师就圣职、英雄受勋等，往往成为一个人终生难忘的大事。即使当事人后来没能实现当初宣誓的诺言，他也会永远无法忘记他应该那样做。当然，我们大家都会接触到这种仪式的指示，并会对其产生反应。这些能使我们产生反应的词句，表现出深藏在我们内心里的宗教信仰、爱国信仰、社会信仰、职业信仰、政治信仰，比我们放在口袋里的身份证、社员证和戴在衣襟上的徽章还要清楚。一个直到成年以后才改变宗教信仰的人，每逢看到他幼年时熟悉的仪式，往往会感到有一种冲动，想要重新回到他早年的信仰里去。人类之所以能够运用语言去影响未来、互相控制对方的行为，靠的就是这种方法。

　　但是我们也应该注意，我们的许多社会指示，以及伴随它们而来的仪式，早已变得陈旧不合时宜，而且那些仪式对一个成年人的心智来说，似乎不免有些轻视侮辱的意味。有些仪式起源很早，那时一般人不被好好地恫吓一下便不肯规规矩矩地行动。对已经有了社会责任心的现代人士来说，这种仪式早就不再需要。例如，一对成熟而有责任心的男女，也许会只在市政府里花费五分钟时间举行一个很简单的婚礼。可是，他们的婚姻却可能会比一对未成熟的男女举行隆重仪式浪费无数金钱和时间所结成的婚姻来得成功。虽然一般社会指示的效果显然是以接受这些指示的人们是否心甘情愿、心理是否成熟、智慧程度高低而定，但是很多人仍然抱有一种依赖礼仪本身效果的倾向。这种倾向的起因当然是由于我们仍旧不免相信语言有魔力，认为我们只要把某些词句按照固定方式一遍又一遍地讲下去，就可以对未来产生一种力量，使未来的事件一定能以我们讲的方式出现。我们在新年里要说"吉利话""讨口彩"就是这种迷信的表现之一。**还有许多学校，它们不是给学生更多时间和机会去研读民主真正的意义和实践民主的方法，而是一味强调升国旗仪式或叫学生天天唱国歌，这样下去，很可能会使"民主"一词在学生眼里变成一个毫无内容的空洞名词。**

什么是"权利"

"我的地产""我的书""我的汽车",从外向意义来看,这个"我的"究竟是什么意思呢?无疑,"我的"并不代表上述各物的任何特性。一张支票易手,"你的"汽车就成了"我的";汽车本身并没有发生任何变化,那么是什么东西发生了变化呢?

无疑,发生了变化的是社会上一般人对我们应该怎样处理那辆汽车的意见。过去那辆汽车是"你的"时候,你可以随心所欲,任意处置,我却不能。现在它是"我的"了,我就可以任意处置,你却不能。在外向世界里,"你的""我的"这些字词并没有什么意义。它们真正的意思出现在我们打算怎样行动中。当整个社会都承认了我的"所有权"时(比如发给我一纸证明),它就可以保障我有使用那辆汽车的意向,同时阻止别人在没有得到我的许可的情况下随意使用那辆车,如有必要,甚至可以让警察出面。我服从法律,按时给国家交税,因此社会也应该尽它的力量和我订立这样一个协定。

如此说来,所有对"所有权"和"权利"的声明,岂不都是指示了吗?"这是我的"岂不是可以译成"我要这东西,你不许动"吗?"每个孩子都有受教育的权利"岂不是可以译成"让每个人都受教育"吗?所谓"道义权利"和"法律权利"的区分,岂不就是前者代表一般人认为应该成立的协定,后者代表已经得到团体和法律的认可而成立的协定吗?

指示和幻灭

在结束对指示性语言这个主题的讨论之前，还有必要为大家指出需要注意的几点。第一点，既然人类的语言对任何事物都无法全部说出，指示性言辞里所包括的允诺也就一直不过是"未来地域"的"地图轮廓"。这种"地图轮廓"将来自然是会填满的，可是未来的详细情形往往会与现在的预测不同。有时，无论我们怎样努力地想要去实现自己的诺言，未来的发展却仍然可能会与我们的地图毫无关系。我们立誓永远做一个好公民、永远尽职尽责等等，可是在我们的一生中，我们却从来都没有能够每天都做一个好公民，或是履行自己所有的职责。**任何指示都不能使将来完全按照我们心里所想的样子出现，我们只要能够领悟到这一点，就可以不至于抱有不可能的企望，从而也就不至于生出不必要的失望感。**

第二点，指示性语言和说明性语言往往比较相似，我们应该能将它们区分开。"童子军清洁、侠义、勇敢""警察保卫弱者"这一类话是设立目标，并不一定是描写现状，明白这一点非常重要。由于把上述定义当成是对现实情况的描写，所以有些人一旦看到一个不侠义的童子军或是一个欺凌弱者的警察，就会大受刺激，对其心生厌恶而产生幻灭感。这种情形实在是太多了。有些人甚至会就此生出"决不再谈童子军""所有警察都让人讨厌"的想法，这当然是不对的。

我们之所以没能正确地理解指示的性质，进而产生失望感和幻灭感,第三个原因便是我们太富于幻想,把指示里并没有的意义看成是它真有的。例如,美国法律禁止药商夸大自己药品的效力,有些出卖防腐剂和万灵药的商人就故意登载一些模棱两可的广告:"可以使感染不太严重""有助减轻受寒症状""有助防止流鼻涕及其他不适"。有些人看到这些广告便认为只要吃下这些药就可以防止并治疗伤风,这种人正好就是广告商心目中的傻瓜!

幻想指示里并没有说明出来的意思,另外还有一种方式,那就是把并不很明确的语言看得非常明确。例如,有一位竞选人答应"保护农民",你就投他一票,可是他上台后只保护棉农而不保护其他农民,你却不能真的就骂他失信。另有一位竞选人答应"保护工会",你就投他一票,他上台后通过的法律却使工会职员暴跳如雷,而他却还说是为了"使工会会员不致受流氓领导的操纵",你又不能责怪他失信,因为他最初的意思可能真的就是这样。

我们经常会骂搞政治的人"说话不算数"。许多政客确实是故意如此,可是我们同时也必须注意,他们往往并没有答应老百姓所想象的那么多事情。**各大政党竞选时的政纲往往都非常空洞。**喜欢讽刺的人甚至说这些政纲"对各种人可以有各种不同意义"。**但是投票者往往不相信它们会是如此空洞,总以为它们应该比字面上要明白具体些。**倘若后来投票人对政纲感到失望,那错处有时在于政客,有时却也在于投票人自身,因为他们事前自己心里就存在一种幻想。——或者也可以说,他们是把各种不同的抽象阶层(levels of abstraction)混为一谈,至于这句话是什么意思,后面几章有详细解释。

[第八章]

传达感情的语言

> 我所说的听觉的想象力（auditory imagination），是指那种直达思想和情感的意识层面之下，使每个字都充满活力的音节和节奏感。它能深入人心探访其中最原始、平常最不注意的部分，从人类最基础的本能里得到力量。它当然得通过意义才能发挥作用——至少不会完全没有平常所谓的意义。它能将古老的、模糊的、陈腐的成分，与流行的、新颖的、惊人的成分结合起来。它是最陈旧和最文明的心境的综合物。
>
> ——艾略特（T. S. Eliot）

科学语言是帮助我们完成生活中必需工作的工具，但却无法表达出我们在生活里的感受。我们可以在毫不知道也不过问彼此感受的情况下传达科学事实，可是我们前面已经说过，人类间必须先有同情的交流，才能建立起爱、友谊和团结，大家才会想要合作，组成一个社会。这种同情的交流，当然得用那些能够传达情感的言辞才能达成。平常大多数时间，我们并没有完全从谈话里摒除感情成分，反倒是想把它们表现得越完全越好。下面我们就来研究一下另外几种用语言来传达情感的方法。

语言催眠术

首先需要再次说明的是，好听的话、长的词句和发表讲话时的庄严气氛，不管讲了些什么，本身就有激发情感的作用。我们经常都是一听到或读到慷慨激昂或头头是道的证道、演说、政治演讲、论文、文学作品等，就会完全忘了批评别人，而使自己随着作者的意愿，感到兴奋、悲哀、欣喜或愤怒。就像蛇一听到耍蛇者吹横笛的乐声就会失去自主能力一样，我们也为语言催眠师音律动听的词句所控制。假如作者是个可靠的人，我们没有理由不这样享用一番，可要老是这样地听讲和读书，却也会使我们失去辨别的能力。

有些人从来不问别人对他讲了些什么话，因为他们只对语言的声音给他们带来的那种温柔感觉感兴趣。就像猫狗喜欢有人抚摸它们的毛一样，也有些人喜欢每隔一段时间，就有人用语言去抚慰他们一番，这是一种最简单的满足感官的方式。像这样的听众为数颇多。所以在政界、舞台、广播、电视、讲堂和教堂里，因为知识不够而不能成功的情形是很少有的。

其他传达情感的成分

上面已经说过,一再重复同样的声音能够产生感动人的力量。有些"吸引人们注意力"的名字和口号用的就是这种方法,例如"555"和"999"牌香烟,"非为役人,乃役于人"等。这一类型中水平比较高的,不但会重复声音,还会重复文法结构。譬如说:

爱人如爱己,救人救彻底。
民有、民治、民享的政府。

从科学报告的立场来讲,这些话里有好些字都是多余的,但是真要没有它们,就不会给人留下那么深刻的印象。假如只要说明意思就行,林肯很可以只说"民治、有、享的政府",要是还想再简单些,单说一句"民众的政府"就已足够。但他并不是在写一篇科学论文。他把"民"字清清楚楚地讲了三遍之多,每一次看上去都像是不必要的重复,实际上却使我们更加深切而充分地了解了这个字的感情含义。这里虽然不是详细讨论声音中种种复杂的感动人的性质的地方,但是我们却应当记得,文学和演讲里许多引人入胜之处,都建立在语言基础之上——尾韵、歌韵、音节和节奏上的种种技巧。只要可能,随时都会有人运用这些技巧来获取感动人的效果。

另一种唤起感情的方法是直接和听众或读者谈话。收音机和电视里的播音员最爱用这种方法。"现在本台停止播音,谨祝诸位晚安。""倘若你还没有买××牙膏的话,请赶快去买,不要错过机会。"使用这种方法的目的是要使听众觉得有人在和他独自会谈,从而对对方所说的话产生兴趣。一般演讲者都爱使用这种"个人接触"的办法,在说得激昂慷慨的时候,忽然转向听众:"请诸位想一想,倘若你……"或者一开始就娓娓细谈,把听众当成一位老朋友。还有一个方法,和用"你"一样普遍,那就是用"我们"。为了使读者或听众能和他有同样的看法,作者或演说家往往会悄悄地把他们拉到自己一边。"我们现在要考虑……""让我们举一个例子……""我们的责任是……"在一般老师和牧师比较客气点的训词中,这个方法特别普遍。读者朋友会发现,本书也是用的这个方法。

好的修辞可以使一个句子听起来或读起来非常悦耳,很容易打动人,为此我们有时甚至会不惜颠倒或歪曲文法。譬如说,为了吸引别人注意,我们有时不惜将一个句子拉得很长,不让它立刻结束,而把读者想要知道的事情一直留到最后。"为了自己的快乐,为了下一代的幸福,为了国家的富强,为了民族的前途,为了人类的将来……我们不能不注意清洁卫生。"我们所说的对偶,即把不同的意思用对比的音节和文法结构排列在一起以引起读者注意,就是一个例子。"千山鸟飞绝,万径人踪灭。""朝进东门营,暮上河阳桥。""信知生男恶,反是生女好。""平生不会相思,才会相思,便害相思。身似浮云,心如飞絮,气如游丝……证候来时,正是何时?灯半昏时,月半明时。"

隐喻和直喻

上面已经说过，语言既能传达知识，又能传达感情。这就是为什么有些话若是单从字面解释可能看不出有什么意思，如"一日不见，如隔三秋""遍地皆黄金""把我累死了"，但从传达感情的角度来看却实在是"很有意思"，至于它们的说明性含义是否不够准确或恰当则毫无关系。因此，我们在描写月光时，无论说它是"水""地上霜""蓝色的波涛"都不要紧，只要我们所用的字词能使读者对月光，或是对当时整个的情形和背景，产生我们所想要传达的感情就可以了。这也是为什么翻译文学作品会这样难的理由——要将意思翻译出来，往往就会曲解词句的情感性含义，反过来也是一样。因此，一个会读原文的读者，差不多一定会对译本感到不满，认为它不是"失去原著的神韵"，就是"错误百出"。

从前曾经有过一段很长的时期，一般人都把隐喻和直喻看成"修饰"语言的东西，就像刺绣一样，虽然能使衣服好看一点，却丝毫不能增进它的实用价值。那时候，没有人注意到这种传达方式的心理背景。我们经常会有这样一种倾向，以为在我们心里引起同样印象的东西，一定就是同样的。这种心理过程在下一章里将会得到更加详尽的讨论。譬如说，我们看到有人狼吞虎咽，十分讨厌，想起只有以前看见一头猪在槽子里吃东西时才有这副吃相，那么我们第一个不假思索的反应一定会是"那头猪！"因为在我们看来，那个人已经和猪合而为一了。再如，春风徐徐吹来会给人好感，美丽的姑娘们柔软的嫩手也会给人好感,所以有些诗人便会写道:"春天招着轻盈纤柔的手"。这就是我们之所以会有隐喻的基本过程。隐喻并不是一种"修饰",它们是直接表现我们感想的方法,只要我们有强烈的感情要表现,就会有隐喻出现。所以在原始人类、民间、无知识者和小孩的语言里,以及戏剧界、流氓和其他比较贴近生活的行业的俚语里,隐喻特别多。

以对我们情感的影响而论,有生命的东西与没有生命的东西毫无分别。怕狮子也好,怕火也好,同样都是害怕。因此,在表现感觉的言辞里,我们会说"春风吻颊""狂涛怒浪""高峰耸立""暴日当空""海啸地震"。普通修辞学书上把这种"将没有生命的东西描写成有生命的"现象称为"拟人化"(personification)。其实,如果我们说它是"有生命的和无生命的不分",反倒会更容易让人理解一些。

直喻

然而,即使在最粗率的评价里,我们也可以明白地看出,把一个人叫做猪,并没有充分考虑到人与猪之间的分别。如果多想一下,我们就一定得主动把原来的说法改成"他像一头猪"。这种说法叫"直喻",也即我们明白地说出我们对那人和猪有相同的感觉。所以,直喻是在直接不假思索的表情与报告之间一个折中的说法;当然,它接近前者的成分要多于接近后者的成分。

过去从来没有人充分地注意到,我们所谓的俚语和俗语所遵循的原则恰好与诗歌一样。俗语和俚语中常会用到隐喻和直喻,如"一溜烟""借光""霉郎中""滚蛋""揩油""加油""吹牛拍马"等。创造这种词句的想象过程就像诗人写诗一样。在诗歌里,我们也可以看得出,人类怎样喜欢用从科学立场上来说是荒诞不经,而就情感而论却是非常有力的语言来观察世界:

"车似流水马如龙。"
"黄河之水天上来,奔流到海不复回,君不见高堂明镜悲白发,朝如青丝暮成雪。"
"举酒邀明月,对影成三人。"
"人比黄花瘦。"
"只恐双溪舴艋舟,载不动许多愁。"

因此,我们所谓的俚语,某种意义上也可以说是日常生活中的诗歌,因为它执行的任务和诗歌几乎是一样的。换句话说,它生动地表现出了一般人对人生,以及他们在生活中所遇到的事物的感想。

隐喻

隐喻、直喻和"拟人化"都可列入我们最有用的传达(情感的)方法中,因为它们能够很快地唤起我们的印象,使我们无须另创新字来表现新的事物或感想。事实上，它们应用在这种目的上的情形是如此普遍，以至于我们虽然经常在用着它们，却连自己都没有感觉到。例如，我们每次讲到"床头""山脚""桌面""桌腿""椅背""主流""支流"，就是在用隐喻。政府"压榨"人民，民生"枯窘"，贪官"横行"，所以要"摧毁"旧政府，"建立"新秩序。甚至是在最没有"诗意"可言的报章经济栏目里都有不少隐喻：货物"滞"销，市场上陈货"充溢"，似已达"饱和"程度，××帮"吸进"黄金，××帮大量"吐出"，物价"上涨""下跌"，经济"圈"内十分注意……这种例子真是不胜枚举。由于隐喻的用处是如此之大，所以它常会成为语言的一部分，以正常词汇的姿态出现。语言之所以能够发展、变迁、生长，随时随地适应我们变动不休的需要，隐喻是最重要的工具之一。而且，它一旦成功风行就会死去——也就是说，这些隐喻会变成我们常用语言的一部分，没有人再将它们当成隐喻看待。

常常有人反对某些理论，因为它们以"隐喻"或"隐喻的思想路线"为基础，这种态度是不对的。因为问题的症结并不在于有没有使用隐喻，关键在于那些隐喻用得是否恰当。

典故

另外一种传达感情的方法就是典故。譬如说，一位旅客深夜独自坐在一只停泊的小船上，看着眼前辽阔的原野，周围一泻千里的江河，深感身世飘零，前途茫茫，不自觉地吟诵起杜甫的名句：

> 细草微风岸，危樯独夜舟。
> 星垂平野阔，月涌大江流。
> 名岂文章著，官因老病休。
> 飘飘何所似，天地一沙鸥。

每一个熟悉这首诗的人都会知道，这位 20 世纪的浪子是在用唐朝那位饱尝颠沛流离之苦的大诗人的心情来比拟自己。这也是一种用不明说的比喻来表达情感的方法。因此，典故是一种极简捷的表达情感和引起共鸣的方法。用一个出自圣经或经书里的典故，能引起人们敬拜和虔诚的感觉；用一个历史上的典故，例如说老张是"扶不起的阿斗"，就会使人想到老张如何没用，辜负人望；用一个文学上的典故，例如说某某别墅像座"大观园"，则能使人想起这座别墅里富丽繁华、风流奢靡的生活。

可是，只有对那些熟悉我们所讲到的历史、文学和人物的人来说，典故才会有用。家庭笑话往往来自一家人生活中的事件和回忆，外人乍然听到不易理解，一定要有人解释给他们听才行。出自古典文学的典故往往要用注解，否则外行人就无法欣赏。可是只要有一群人，无论是一家人还是属于同一种文明的人，有共同的回忆和传统，他们就可以将典故用作一种非常精巧而有效地传达感想的方法。

因此，每一种文化里的青年人都得研究他们自己的文学和历史，

原因之一就是，只有这样他们才能去理解并参与自己群体内思想和情感的交流。若是一个人不明白"他是孔夫子""莽张飞""结秦晋之好"等话是什么意思，他对中国人的日常生活和习俗，一定会有无法充分了解的地方。对中国历史上有名的人物、《三国演义》《水浒传》《红楼梦》《西游记》等著名小说的主人翁、屈原与陶渊明和唐诗宋词元曲中的名句、孔孟老庄的哲学一点都不知道的青年，对中国固有的文化传统可谓是个门外汉。所以，研究历史和文学并非只是为了讲体面称风雅（很多讲求实际的人常会这样想），要想使我们能够更加有效地传达自己的意见和感情，以及更好地去理解别人的意见和感情，它是一种必不可少的工具。

讥讽、感伤和幽默

许多幽默、讥讽和感伤都是由一种比较复杂的方法造成的，也就是故意用显然是不恰当的比喻或典故，使我们产生一种冲突矛盾的感觉，注意到我们所讨论的事物与所用的语言是多么不调和，在这种情形下，那些矛盾的感觉就会转化为一种新的而且不同的感觉。譬如说，我们是在一个大戏院听到杜甫的《旅夜书怀》，戏院里舞女如云，乐声喧嘈，观众正在高声叫好，掌声不断。这时，诗中那种凄凉寂寞的情绪与眼前的狂欢笑闹形成一种强烈的对照，使你感到异常的不相称，不是想哭泣，就是想大笑。事实上，有许多极其复杂细腻的感情，只有用这种方法才能引起。例如，西施可以代表美丽风雅的女子，臭豆腐却是一种既不美又不风雅的食物，可是卖臭豆腐的却是一个西施一样的美人，于是我们就称她"臭豆腐西施"。本来"三十六行，行行出状元"，卖臭豆腐的女子不一定就要比浣衣女丑，可是一听这个名字，总不免会在人心里产生一种滑稽感。这种比较复杂的方法，可以用一个从物理学上借来的图表表示出来：

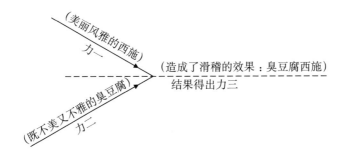

事实怎样感动人

下面是 1948 年 10 月 4 日美国芝加哥《太阳报》上关于汽车撞人事件的一段记载：

> 遇难者之一为亚历克斯·库兹马，现年 63 岁，家住北枫林路 808 号，上周日他在金波尔路拐角处越过芝加哥路时，为一辆疾驰而来的汽车猛烈撞击，失去前臂，当即毙命。据目击者云，肇事车辆略一减速，扭暗车灯，扬长而去。警方四处寻觅库氏所失手臂，终无结果，深信该臂已插入肇事汽车之某一部分，随之而去矣。

看过这段新闻的人极少会不产生情感反应，再怎么着也会对这一可怕事件感到一些轻微的恐惧，并会对肇事逃逸司机感到一些愤怒。所以，事实本身，尤其是处于低级抽象阶层上的事实，无须任何特别的文学技巧，便能直接感动别人。

事实感动人与语言中别的感动性成分之间有一个很重要的区别。使用后者时，作者或说话者是在表达自己的感情。使用前者时，作者或说话者则是在"压制自己的情感"——也就是说，用客观的、所有旁观者都能证明的方法去报告事实，不管他本人会有什么样的情感。

一个能把事实正确地讲出来的报告，往往会比直截了当的判断更能感动人。 上面那段新闻就是一个很好的例子。要是这个报告写得更具体些，再描写一下死者脸上的血、撕破的衣服、残余手臂上垂下的冗肉等，它也就更能够感动人。我们不告诉读者"这真是一个可怕的意外事件！"而使读者心里自动产生这样的想法。也就是说，我们让读者自己下结论，从而也就让读者参与了这一传达行动。所以，技巧娴熟的作家往往特别擅长选择能够遂其所愿的方法感动读者的事实。这种描写或叙事的文章要比一连串明白说出的判断更容易让我们信服。因为作者并没有要我们听他的话，承认那一意外是"可怕的"，因此当我们得出这样一个结论时，某种意义上它已经是我们自己的而不是作者的结论。

作品的等级

依靠事实感动人（即依靠读者自身力量让他们自己找到我们想要他们找到的结论）的程度，当然会因题目和读者的不同而有很大差异。

在这一点上，把各种等级不同的杂志和故事比较一下是一件很有趣的事情。美国的杂志有低级和高级之分（所谓低级高级，视读者对象不同而定）。在写给大众看的杂志里，极少会有作者依赖读者自己的能力让他们自动获得结论。为了不让读者"费心""劳神""伤脑筋"，作者们总是直接就替他们作出判断，越是低级的杂志，这种现象也就越明显。反之，"高级"杂志的趋向却是更多地依赖读者自身进行思考。当事实看上去"一目了然"的时候，它们就不下判断。或者每下一个判断，必定会提供相当多的事实，以便读者若是愿意，完全可以自由地另下判断。

我们在和各种不同的人谈话时也可以看到这种现象。倘若你是在听乡下老太婆讲故事，你就会发现，她讲不上几句话，或者最多等到讲完一个故事时，一定会下一个结论："好心有好报""老天有眼""罪过""活该"。与之相对，受教育程度较高的人说话时自行下结论的情况就比较少见，他们更多的时候都是在陈述事实。

文学的功用

综上所述，我们可以得出以下几个非常明显的结论。

第一，既然表现个人感情是文学的核心所在，感动性成分自然也就会在所有文学作品里都占据最重要的地位。在评价小说、诗歌、戏剧、证道、劝善文、政治演讲和一般指示性语言时，一篇文章能否当成一幅代表真实地域的"地图"用，往往是一个次要问题——有时几乎毫无关系。若非如此，像《格列佛游记》《爱丽丝漫游仙境记》《西游记》这样的经典名著，也就没有存在的理由。

第二，当我们说一篇感动性的文字是"真的"时，我们并不是说就科学观点而论它是"真实的"。我们的意思可能只是自己赞成那些文字中表达出来的情绪；或者相信那些文字真切地表达出了某种态度；还有一种可能是，我们相信那篇文章在我们心中引起的态度，能够帮助我们改善社会习俗和个体行为。"真"这个字几乎有无穷多的意思。一般人认为科学和文学或科学和宗教免不了要发生冲突,这些人之所以会有这种感觉，是因为他们习惯于把世界上的东西分成相反的两类：黑和白，真和假，好和坏……在这种人看来，倘若科学是真的，文学或宗教就是胡闹；倘若文学或宗教是真的，科学就只是"莫名其妙，自以为是"。当有人告诉我们某些话在科学上讲是"真的"时，他们的意思是说那些话是有用而且能证实的公式，对有组织的集体工作比较适用。当有人告诉我们，莎士比亚的戏剧、弥尔顿或但丁的诗永远是"真的"时，他们的意思是说，这些文学作品使我们能对他人产生某种新的态度，能加深我们对自身的了解，或者能使我们产生深切的道义责任感；这种种贡献，在所有能够想象得到的情况下，都是对人类很有价值的。

第三，让我们考虑一下报告和科学文字的一个缺点吧。老张和陆小姐的恋爱，与小王和陈小姐的恋爱不同；小王和陈小姐的恋爱，与老周和洪小姐的恋爱不同；老周和洪小姐的恋爱又与老杨和曾小姐的恋爱不同。以上各组恋爱的情况都是独特的、自成一家的，没有哪两组恋爱会完全相同。事实上，就算是同一对情侣的爱情也不会每天都完全一样。科学想要找寻的是适用范围最广、普遍性最大的定理，所以它只会从这众多情形里抽取出它们之间的共同点。与其相对，每一个恋爱的人则只注意到自己的感觉与众不同，我们大家都知道，每一个有情种都以为他自己是世界上第一个如此痴情的人。

怎样才能把这种不同的感觉表达出来呢？在这一点上，语言中的情感性用法发挥了最大的作用。我们对许多过去的经验有无数种不同的感情，那许多感情间的差别实在是太过精细巧妙，无法报告，只能表达。而我们之所以能够将它们表达出来，则是靠着下面这种种复杂的方式：语言的声调、节奏、含义、带有情感性的事实、比喻、典故，以及我们语言中其他一切可以应用的情感性工具。

我们想要表达的情感有时是如此细巧而复杂，以至于很难用几行散文或诗歌来加以表达。所以作家们有时必须写整本的书，把他们的读者引过了一幕幕的布景、情况和事变，使读者的同情一会儿偏向这边，一会儿偏向那边，逐一唤起他们战斗的精神，温柔的情感，悲哀的感觉，狂笑，迷信，贪欲，感官的快感，虔诚的心境。有时，一个作家必须使用这些方法才能使他想要表现的感觉，丝毫不差地重现在读者心里。这也是为什么我们这个世界上会有小说、诗歌、戏剧、故事、譬喻、寓言等存在的原因。它们能把"人生是悲剧""曼丽真美丽"这样的话语，不用刻板简单的形式直说出来，而是让我们自己去体会那一连串的经验，使我们对人生和曼丽生出与作者同样的感觉。文学是情感最正确的表现，科学则是一种最正确的报告。诗歌将语言里所有情感性的成分压缩成种种节奏精巧非凡、变化无穷的格式，因此可以认为它是一种效率最高的表情语言。

象征性体验

因此，说实在的，读过好的文学作品的人，比起那些不能或不愿读好的文学作品的人，其人生经验要丰富得多。读过《红楼梦》的人，就像曹雪芹再世一样，经历了人生的风流繁华、悲喜哀乐，到头来才发觉原来一切都是一场空梦。读陶渊明的诗，就像自己也在乱世里退隐山林，过着一种淡泊宁静的生活。从杜甫的诗里，我们又体验到最能感动一般中国读者的国破家亡、悲天悯人的情怀。这就是传达情感的语言所做的一个伟大任务。它能使我们知道别人对人生的感觉，哪怕他们是生活在几千里外和几百年前。"一个人只能有一个人生"这句话是不对的，倘若我们能够并且也愿意阅读，我

们完全可以随心所欲地度过许多个、许多种不同的人生。

讲到这里，可能会有读者朋友想要站起身提出问题表示反对："我们除了自己的人生还能过别的人生"这句话是不是有些牵强附会？某种意义上，提出这个异义确实有它的道理。因为在我们过自己的生活、再在"书本上过别人的生活"这句话里，"生活"二字前后两次出现时的意义是不同的。然而，我们完全可以在几个不同的阶层上过我们的"一生"，因为我们所生活的世界不但有外向世界，还有语言世界。"在书本里过别人的生活"，用比较正式的术语来说就是"象征性体验"（symbolic experience），有时也叫"间接性经验"（vicarious experience）。

在阅读或观看小说或电影这样的文艺作品时，当故事里的主人公在某种程度上与我们自身很有几分相像时，我们就会对其青睐有加。一个女孩看到谢丽丹[1]和一个漂亮的男子在银幕上接吻，会快慰地叹气，就像是她自己在接吻一样。从象征性体验的观点来看，她确是在接吻。换句话说，她把自己当成了谢丽丹和谢丽丹在故事中所扮演的角色。鲍嘉[2]在银幕上和一群坏人厮打，上千名观众都握紧了拳头，就像自己也在与人厮打一样，从象征性体验的观点来说，他们确实如此。当我们把自己当成故事中的人物时，小说家或戏剧家就在使我们经历有组织的、一连串的象征性体验。

---

[1] 谢丽丹（Ann Sheridan，1915—1967），美国电影演员，主演《一世之雄》。——编注
[2] 亨弗利·鲍嘉（Humphrey Bogart，1899—1957），美国演员，演坏人专家，主演《卡萨布兰卡》。——编注

实际体验与象征性体验之间有很大差别。我们在电影上看别人打架，心里并不觉得害怕；看到舞台上有人吃饭，并不觉得那些食物有什么营养。而且实际经验都是异常没有组织地得来的：吃饭、与房东争执、去医院看病种种琐事，随时都可能会打断美妙的恋爱过程。但是，小说家却能通过精心选择与故事有关的事实，将其细致地组织起来，使它们变得有意义而且首尾相连。细心挑选，组织事实，使它们相互间以及对一篇小说或戏剧的主题能发生一些有意义的关系，这种工作就是所谓"讲故事者的艺术"，所有评论文学技巧时所用的名词：情节、性格发展、故事结构、高潮、转变等，都与将象征性体验组织起来以便产生出来的综合物（写成的小说或戏剧）能对读者产生我们想要的作用这一种努力有关。

所有欣赏文学和戏剧的举动，不论是童年时听大人讲童话，长大后看电影或读"文学名著"，似乎或多或少都需要读者在想象里把自己当成故事中的角色，设身处地地把自己想象成在故事里描写的环境中生活一样。一个读者能否把自己当成故事里的角色，一半得看这个故事成熟的程度，一半也得看读者本人成熟的程度。倘若一个成熟的读者无法将自己当成一个美国西部牛仔故事里的英雄，那就是因为他觉得那位英雄头脑太过简单，无法代表他自己，别的坏蛋和情节设置得又太不合乎情理，无法代表他的仇敌、他的问题。但是，一位未成熟的读者在看这同一个故事时，却可能会感到心里有一种极其强烈的欲望，想把自己想象成一个勇敢的牛仔，由于经验或教育欠缺的缘故，他也许会分不清哪种人物或事情是合理的，哪种是不合理的，因此非常喜欢这个故事。可是，假如这位不成熟的读者看到了另外一个故事，里面的主角在看法和背景上都和他相去甚远——譬如说，一位18世纪的法国大主教，他所遇到的问题和事情都是这位读者从来没有听到过或想到过的，这位读者觉得无论如何都无法认同这位主角的一言一行——他就会一口认定这本书"太枯燥了"，而将其束之高阁。

我们之所以会认为有些人"不成熟"，原因之一就是因为他们无法恰切地应对失败、悲剧或是生活中发生的任何一件不乐意的事情。甚至是在象征性体验中，这种人往往也无法忍受"悲苦的结局"。所以在大众文学里，一般人都爱看"大团圆"。即使情节悲哀的故事，也非得有一个圆满的结果不可。不成熟的读者随时都要有人向他们保证，最后的结局一定是圆满的。

与其相反，随着年龄增长而变得成熟起来的读者，则会不断地使他们的象征性体验变得日益深刻、广泛和精细。在正确地观察过世界并能用高超的手段将其印象有意义地组织起来的作家的引领下，一个成熟的读者可以象征性地体验到做一个中国农妇、罗马皇帝、19世纪早期的诗人、古希腊哲学家、优柔寡断的丹麦王子，或是一个财产被人侵吞的墨西哥佃农的种种滋味。他能象征性地体验到谋杀、犯罪、宗教热诚、破产、失去朋友、发现金矿或新的人生哲学，以及蝗灾过后那种凄寂的心境。每增多一种新的象征性体验，就表明他对世间人事的见识又丰富了一些。

一个不成熟的读者，看了通俗文学作者描写的用来哄骗一般人的少数几个角色（几乎全是年轻漂亮风流倜傥的男子，容貌美丽家境富有的大家闺秀），沉浸于很少的几种象征性体验中（爱、爱、爱，最后还是爱），感到十分满意，这种人就是读一辈子从书摊或公共图书馆那里弄来的流行小说，他本人的知识和同情也不会有丝毫显著的增进。

　　反之，倘若我们是成熟的读者，我们就能通过阅读来提升自己，我们的想象越是扩张，越是运用，就越有再度扩张的可能。渐渐地，我们脑子里的"地图"就会变得更加完备，更加正确，更能代表在许多种不同情形下、不同时期里人类性格和行为的真"地域"。渐渐地，我们因为知识增多，洞察世事，也就能对世界各地的人都产生同情。埃及的国王，道貌岸然的僧侣，流放在外的罗马政治犯，愤愤不平的黑人青年，虽然有的描写得生动而亲切，有的描写得稍显僵硬，却都由小说家、诗人和戏剧家带到我们面前，让我们知道他们是怎样生活的，有什么忧虑，有什么和我们不一样的感觉。**当我们使用这种方法去观察任一时间地点内其他人群的生活，我们就会惊奇地发现，他们也都是和我们一样有血有肉的性情中人。这个发现是一切文明人间关系的基础。倘若说我们在团体关系、工业关系、国内关系、国际关系上仍未变成文明人的话，一个很重要的原因就是因为我们多半还没有看到这一点，而文学则是达到那个目标的主要工具之一。**

科学和文学

由于拥有科学上传达知识的方法,包括国际通用的度量衡制度、动植物学上分类的专有名词制度和数学符号制度等在内,我们现在已经能够互相交换知识,把大家的观察所得汇聚到一起,并对我们的环境有了集体控制的力量。由于传达感情的方法,比如见面时用谈话和手势、不能见面时用文学和其他艺术,我们已经开始互相了解,不再像禽兽般互相猜忌,而且逐渐感觉到自己与其他人类之间有一种深切的合群关系。简单来说,科学使我们能够合作,文艺则能扩展我们的同情心,使我们愿意合作。

在技术上,我们现在已经有了长足的进步,几乎可以做到想要什么就有什么。但是,我们的需要都很简陋。世界上似乎只有一个动机可以强大到逼迫我们去运用所有的技术力量,那就是"确保国防安全"的欲望。当今世界上的每个大国都在做着费用浩大、全民一心的努力,准备进行一次没有人愿意首先开启的战事(第三次世界大战或核战争)。因此,未来摆在我们面前的紧迫任务,不但是要将科学方法应用到那些现在仍被迷信控制以致未来灾难不可避免的学问如政治学和经济学上去;我们还要运用艺术和文学感动人的力量,使我们野蛮的意志能够受到文明的感化。我们不但要能在一起工作,我们还得积极地想在一起工作才行。

[第九章]
艺术和激荡的情绪

> 我的看法是:假如我们能够努力地去探测一下诗歌对诗人有什么影响,那么在诗歌对群众有什么影响这个问题上,我们或许也可以发现一些普遍原理。
>
> ——肯尼斯·伯克(Kenneth Burke)

> 一本编选上乘的诗集是一间上佳的药房,普通精神病症所需要的药物一应俱全,而且对防病治病同样有用。
>
> ——罗伯特·格雷夫斯(Robert Graves)

逆来顺受

一般动物必须先有直接经历,才能认识它们的环境。人类却能借助语言的符号,将他们的知识和情感结晶表现出来;靠着文字的力量，将他们积聚的知识传给后代。动物们在哪里找到食物，就在那里吃住。人类却能利用言语的方法，将自己的努力和别人的努力结合起来，获取丰富的食物，吃着几百双手合力做成、从遥远的他方运来的东西。动物们互相控制的力量极为有限！人类却因可以使用语言而能制定系统的法律制度和伦理制度，使他们的行为有秩序，有条理。追求知识、获取食物、建立社会秩序这些在一般生物学家眼中被解释为有关生存的活动，对人类来说则都包含着一个象征的方面。

这里我们先用一个能在科学上证实的名词，即生物学上所谓的"生存价值"，来说明文学的功用。就我们目前所知的心理学知识而论，这当然是一件比较困难的事情。但是我们必须试着这样做做看，因为大多数解释文学（或其他艺术）的价值或必要性的文字都是用"喜词"写成的，说不上是解释。譬如说，英国诗人华兹华斯说诗歌是"一切知识的气息和精美的精神"。柯勒律治说诗歌是"最好的字按照最好的次序排列而成"。多数教师和批评家对文学的解释也都追随其后，使用了相似的"喜词"。他们的那套话用一句话来概括就是："你应该读伟大的文学作品，因为它们非常非常伟大。"倘若要用科学的方法去解释文学的功用，我们的说明必须要好过上面那句概括的话才行。

我们在前面已经用"文学"这个名词包括了语言中所有的情感性用法，我们现在就能看出，根据学者和批评家深刻的见解，以及近代心理学和精神分析学的研究结果，情感性语言最重要的功用就

[第九章] 艺术和激荡的情绪

是缓和激荡的情绪。我们都知道,当我们十分恼怒时,把别人痛痛快快地大骂一顿,心里会感到多么舒畅。倘若我们能够相信作家们对自己创作过程的描写,那么各种诉述情感的语言似乎都能起到发泄激荡的情绪的效果。小说、戏剧和诗歌的起源,就和起誓诅咒一样,都是因为一个有机体体验到一种十分强烈的情感(欢喜、痛苦、不安或失望)的时候,内心有一种难以抗拒的需要,想要把它们说出来。说出来后,这种激荡的情绪就可以或多或少哪怕只是暂时地松弛一些。

一个感到失望或不快活的动物对自己的烦恼没有多大办法。一个人却可以在另一个世界——符号世界——活动。他不但会遭遇到种种经验,而且会用符号向自己展示自己的经验。当我们心情激动,尤其是极不快活的时候,只要能将不乐意的事情对一个真正的或虚构的有同情心的朋友甚或是对我们自己说出来或写出来,就会感觉好受许多。倘若我们所用的符号足够恰当,而且有足够的技巧,我们激荡的情绪就可以被象征性地控制住。要想控制感情,我们可以用肯尼斯·伯克所说的"象征策略"(symbolic strategies)——即用种种方法将我们的经验重新分类,将它们"包围"起来,使其变得容易为我们所忍受。当某种情境给予我们忍受不了的压力时,我们都可以用符号来发泄情绪,求得安慰,无论是"倾诉衷肠""象征策略"或是别的办法,都能收到同样的效果。

我们都知道语言是有社会性的,每一个说话者都可能会有一些听众。因此,能够减轻说话者激荡情绪的话语,听者听了也会感觉舒服些，假定他们恰好都有同样激荡的情绪。显然，即使生活在不同时代和不同文化里的人，也仍然会有许多相似的体验。我们的科学可以说是已经进展到了原子时代，我们所处的环境要比以前紧张复杂得多，但是人类思想的情绪古今中外都显然没有太大差别。唐朝大诗人李白的名诗"床前明月光，疑是地上霜。举头望明月，低头思故乡"和王维的名诗"君自故乡来，应知故乡事。来日绮窗前，寒梅着花未"，到现在还是一样能打动人心。英国名曲《甜蜜的家》也是中国人最爱唱的歌曲之一。此外，宋朝著名将领岳飞的《满江红》"怒发冲冠，凭栏处，潇潇雨歇。抬望眼，仰天长啸，壮怀激烈。三十功名尘与土，八千里路云和月……待从头，收拾旧山河，朝天阙"，虽然是一首古代的爱国诗词，可是谱了曲调后，在抗日战争时期的大后方仍是十分脍炙人口。

常有人说，诗歌是帮助人维持心理健康的工具。肯尼斯·伯克则称诗歌是"为生活做准备"。我们似乎可以对这些说法认真地进行一番考查，研究一下它们多方面的含义。譬如说，在每天都要面对连续不断的、各种大大小小的困难和激荡的情绪这种情形下，有哪几种是我们想要用来充实自身的象征策略呢？

几种"象征策略"

第一种当然是所谓借助文学"逃避现实"，这也是文学、诗歌、戏剧、连环画和其他情感性语言方式一个很大的源流。《人猿泰山》

[第九章] 艺术和激荡的情绪

这部小说的作者埃德加·伯勒斯（Edgar Burroughs）生病在床，却将自己想象成泰山，跋涉丛林，屡历奇险，胜利而归。借助这种象征的补偿办法，他忍受住了许多年的疾病，也使千百万渺小、失望和病弱的读者对于生命能够忍受得住。无论我们对泰山故事的作者和读者有何想法，我们都应当注意，要想在讲或听这些故事时得到安慰，忘却痛苦和烦恼，必须要有象征的过程和人类的神经系统才行。

我们再来看另外一种象征策略。当一个恼怒或不满的下属说他的上司"简直是个专制魔王"时，他岂不就是在用一个简单的"策略"，将一个无足轻重的小暴君夸大成一个专制魔王，以便骂他一顿，出一口心中的恶气吗？中国旧小说里常有某人作恶或不孝死后在阴间受苦或变为猪狗的故事，岂不也正是因为作者没有别的办法去惩罚自己憎恶的人，所以只好这样出气吗？这两种方法虽然有所不同，但在事实上岂非殊途同归，同样都是通过象征的方法寻求发泄，使得激荡的情绪镇定下来吗？

再举一个例子。清朝小说家吴敬梓眼见一般读书人无耻无行的情形，非常不满。在当时那种情况下，他完全可以选择置之不理，独自埋头写作神怪小说或香艳诗词，以求忘怀，逃避现实，或者也可以选择用另一种象征的方法来说明这些现象都是天命，无关宏旨，将来如何发展悉听神意。很多宗教和作家都是采用的这一策略。另外还有一个办法就是积极改进社会情况，使得那些触目的情形不再如此刺眼。可是要想这样做，就非得是政府大官，至少也得是一位受人敬仰的名流才行。因此，吴敬梓只得把他的不满情绪给社会化起来（socialize his discontent）——传给别人。这样他既能自己出一口气，也可以引起别人注意，进而求得移风易俗之效。他的《儒林外史》成为有名的文言小说，对于人们警惕无行的文人也很起了一番作用。

任何一个人，只要不断地经历许多激荡的情绪，而且不安的状态日益加深，就有可能或多或少地陷入心理失调状态。这一点大家都知道得很清楚。从现代心理学上来讲，**适应环境这个过程并不是一种怡然自得、不闻不问、不顾世事、静止的乐趣。它是一种富于动力、每时每刻都在变更的过程，不但包括改变自己的感情以适应环境，还包括改变目前的环境以适应自己的个性**。达到和维持适应状态的方法越多，对环境的适应也就越加成功。文学似乎是现成的方法之一。

欣赏和创作诗歌与文学，都是人类在维持适应状态为生活做准备的日常过程中所运用的象征方式。它们似乎是我们适应环境的机能超过我们和较低等动物所共有的生物条件的表示。倘若有人碌碌终生，想发现盐水的化学成分，而不顾及任何初级化学书上对这个主题的讲法，我们就会说，他没有能够充分利用我们的符号制度提供给我们的资料。同理，对于因为个人愿望不能实现而愁得生病，或是因为小的刺激和过分不安的心境而终日烦恼，却又无法从文学或其他艺术中寻求内心的力量和宁静的人，我们岂不是也可以说，他们对人类适应环境的资料只利用了很小一部分呢？

简括地说，不论是好的还是坏的、粗制滥造的还是字字珠玑的诗歌（其他艺术也是一样），它们之所以能够存在，是因为它们能为一种运用符号的动物完成一种必需的生理作用，也就是帮助我们维持精神健康和心理平衡。

为生活做准备

许多心理分析学家都认为，没有办法将人断然分为"心理健全的"和"心理不健全的"两类。**"心理健全"只是一个程度问题。所有"健全"的人，都可以按照他们遇到的经验，以及他们应对那些经验时内心力量的强弱，变得更健全或更不健全一些**。就像一个人的体格健康要靠食物和运动来维持一样，他的心理健康也在生活中随时从情感性的符号里汲取营养：使我们认识人生新乐趣的文学，使我们觉得天下不乏与我们同病相怜者的文学，使我们能对自己的问题有一个新看法的文学；使我们想到新的可能，为我们展开新的经验领域的文学；给我们提供各种"象征策略"，让我们可以理解自身现状的文学……这种种都是我们的精神食粮。

从这一观点来看，有几种文学就像有几种加工食品一样，可以说是看似很有营养，实则并不含有任何一种主要的维生素，即便大吃特吃，对精神营养还是毫无作用。（这里所说的"主要的维生素"可以理解为代表人类经验里真正"地域"的"地图"又确实又有用。）有些流行小说自我标榜说能阐明某些人生问题，事实上却像所谓的

"万灵仙丹"一样，只能使表面上的症状减轻一些，对病根却毫不起用。此外还有几种小说也是只能使人暂时逃避痛苦，就像麻醉药和酒一样，想要治病除根你是想也不要想，因此你用得越多，就越是觉得需要它。这种麻醉性的药品倘若用得太多，就会加重"狂幻生活"现象，进而形成精神病。另外还有其他种类的小说、电影、广播剧、电视剧等，将世界形容成一幅虚假美丽的图画，可以不费力气就能适应。可是习惯于这个虚幻世界的读者，对我们的现实世界反而会自然而然地逐渐失去适应的能力。

我们承认，上面这些例子都是说得过分简单。倘若我们过于随便地去使用"文学可以帮助维持精神健康"这条原则，很可能会造成不幸的后果。有些人一看到这条原则就立刻联想到：倘若文学是一种维持心理健康的工具，那么许多心理上不十分健全的天才的作品，岂不就应看成是不健康的文学，摒弃不要？其实不然，有些心理上异常不宁的作者，就像中国的屈原、英国的雪莱等，所发明出来用以"包围"自己的情境的"象征策略"，可以说是价值极高。他们制出强有力的药剂来对付自己的病症。假使我们现在正在忍受同样的痛苦，这些药剂就可以帮助我们解决问题，并且它们还有抗毒作用，万一我们日后遭遇这种痛苦，也好早有心理准备。

还有，当我们称某一文学作品为"万古不朽""价值久长"或"伟大"的时候，我们可不就是说，那个作者用来解决他的烦恼（取得他的平衡）的象征策略，对于在别的时代别的地点忍受着相同烦恼情形的人一样有效吗？《西厢记》里送行那一段：

[第九章] 艺术和激荡的情绪

"青山隔送行,疏林不做美,淡烟暮霭相遮蔽。夕阳古道无人语,禾黍秋风听马嘶,我为甚么懒上车儿里,来时甚急,去后何迟?

"四围山色中,一鞭残照里。遍人间烦恼填胸臆,量这些大小车儿,如何载得起!"

描写古代中国男女离别时的哀怨固然十分确切,可是对于别的地方别的时候爱侣的心境是不是一样适合呢?一个能描写出任何时期任何情况下都不变的感情的作品,可不就是有"世界性""万古不朽"的吗?假如一本小说或一首诗中描写的社会情形已经完全改变,无法再引起那一种动荡的心理,作品中提出的象征策略也已不再适用,我们是不是就会认为那些作品已经"过时",没有价值了呢?

关于文学与人生的关系,我们现在所知道的科学知识还很少。然而,虽然只是一鳞半爪的知识,我们却都觉得对两者的关系略有所知,因为我们都曾有过一个时期受过某种文学的影响。譬如说,倘若有人专门看电影,读武侠小说、言情小说、连环画等,其中的故事很可能会产生不良影响,这一点虽然不一定能得到证实,但是大多数人都曾感觉到过。不过,一谈到比较具体的问题,就像武侠小说和连环画该不该禁止或该不该让小孩子看,大家就都摸不到头脑。有的说武侠小说和连环画会给儿童的想象力引起不良刺激,诱导他们犯罪。有的说犯罪的儿童本来就是心理上有问题的儿童,看不看那些书都会犯罪,武侠小说或连环画反倒能间接满足正常小孩爱打架的性情，使他们变得安静些。你说一句，我说一句，毫无标准。这足以证明我们对文学与社会的关系知道得是多么少。

话虽如此，假如研究文学或心理学的人能从心理健康观点来研究文艺与人类行为的关系，他们将来有没有可能指出：为了维持日常心理健康，哪几种文学作品能帮助我们在心理上早些成熟，哪几种文学作品会使我们永远糊里糊涂，像小孩子一样心理上不成熟呢？

艺术是一种秩序

在我们写作和阅读文学的乐趣中，另外至少还有一个重要成分，但是对于这一点，合用的科学知识就更少了。这就是一篇文艺作品的艺术或美学价值问题。

在第八章里，我们曾以小说为例，谈到文学作品中各个枝节和人物间相互的关系——也就是说，将经验安排成一种有意义的秩序，使一篇小说读起来与一篇杂乱无章的叙事文不同。在称呼一篇叙事文为"小说""艺术作品"之前，无论我们能不能"生活在故事中"把自己想象成里面的角色，我们都一定先要能放心知道，故事中的情节是依照某种次序安排的。即使我们不喜欢那个故事，只要能够找到一个虽然有些复杂但却可以清楚地看得出来而且很有趣的秩序，我们就可以说"这篇小说的结构非常好"。事实上，一个故事的内部次序和各部分相互间适切的关系，有时候给人的印象是如此之深，以至于我们即使不同情它所描写的故事或人物，也一样会欣赏它。为什么几乎只需要秩序本身,就能引起人们的兴趣呢?

作者认为,假如这个问题可以找到一个答案,那个答案必须到人类的象征过程和人类的神经系统能够不断地替符号制造符号进而替符号的符号制造符号……这一事实里去找寻。这一事实,第二章里已经讲过,第十章还会进一步讨论,这里我们要给它一种特别的用法,以便帮助我们了解文学的功用。

我们上面已经看到,动物们生存在外向世界里,谈不到什么象征世界。实际事物怎样影响它们的生活,它们就依照那种次序生活,此外就谈不到别的次序。可是人类不但在外向阶层生活,还会在象征阶层上用语言或者(倘若他们是画家、音乐家、舞蹈家的话)非语言的符号对自己讨论自己的生活。一个人并不是只要能有外向生活就可以满足,他往往忍不住要自言自语,谈论他所看到、听到和做过的事情。

然而,我们一谈到人生经验的资料,就会发现它们充满矛盾。张太太爱她的孩子,可是由于溺爱他们,反而把他们给宠坏了。中国乡下有许多农夫一个字都不认识,但在克己处世之道上却似乎比大城市里受过教育的人都要聪明。人人都说做恶事必有恶报,可是有时坏人却会事事顺利飞黄腾达。一个天性是学者和诗人的青年,会由于政治原因而觉得非要去掉某某人或某某阶级不可。一个结婚二十年对丈夫非常忠实的太太,会表面上看来无缘无故地遗弃了她的丈夫。一个从来做不出好事的人,到了危急关头却忽然会勇敢万分——我们在生活中会不时遇到无数这样的矛盾。所以我们谈论自己经验的话语，也多半是毫无次序，毫无联系；不但不连贯，而且很难加以利用。

　　对于感觉到这些矛盾的人来说，我们谈论生活经验的话语缺少秩序这件事本身就是激荡情绪的一个来源。这种矛盾并不能够给予我们任何行为上的指导，因此它们只会使我们犹疑不决，无所适从。除非我们对着自己谈论自己的话语，将"一切凑合起来"，使得它们看起来不再像是"没有意思"的样子，这些不安的情绪是无法稳定下来的。宗教、哲学、科学和艺术用的方法固然不同，却同样是根据了谈论自己的话语，谈论关于谈论自己的话语……的方式，来解决由于我们经验资料有矛盾而产生的激荡情绪，一直到为这些资料建立起一种秩序为止。

　　谈论事物，谈论谈论，谈论谈论谈论……这就是我们后面将要提起的各种不同抽象阶层的谈论。我们所谓的"了解"，事实上就是要使世界给我们的印象能有一种秩序。当我们说一个科学家"了解"某样东西时，也就是说，他已将其在客观的、描述的、推理性重些的抽象阶层上观察所得的结果，整理出一个可以应用的系统，归纳出几条有力的原则，使各个抽象阶层相互间都能发生联系。当我们说一位伟大的宗教领袖或哲学家"理解"人生时，也就是说，他已把他的观察所得整理成一套见解，用非常普通而有力的指示表现了出来。当我们称一位小说家"了解"任何一部分或全部人类的生活时，也就是说，他已把他在许多不同抽象阶层上观察所得的结果——特殊的、具体的、普通的、普遍的——按次序整理起来。（"抽象阶

[第九章] 艺术和激荡的情绪

层"一词在第十章里有更加充分的解释。)但是,一个小说家不会用由非常抽象的结论形成的科学、伦理或哲学系统来描写他个人看到的秩序,而是会用富于描写意味的报告情感的语言,使读者可以得到一套象征性体验,设身处地,产生同情。在任何一位胜任的小说家的作品里,这些象征性体验都会被组织起来,排列成一套协调的态度——轻蔑,怜悯,颂赞别人英勇,同情受压迫者,或是失望的、无能为力的感觉,具体如何随其当时情绪而定。

在写作上,有些组织一套经验的方法完全是机械化、表面化的。那些就是关于小说、戏剧、十四行诗等应该怎样结构的"法则"。但是,比较重要的是那一文学作品的内容也即作者想要组织的经验本身所暗示的组织方法。倘若一个故事的内容与普通小说里的传统格式并不相合,那位小说家也许会创造出一种完全不同的、比传统方式更适于传达他的经验的形式。在这种情形下,批评家就会称那一内容"创造出了自己的形式"。一首诗、一部小说、一个剧本最后为何会以某种形式出现,那是文艺批评家的事。文艺批评家的责任就是要研究主观条件与客观条件怎样互相影响,最终将手头材料做成一个"艺术品"。

把自己的经验用适当的符号表达出来,再将其整理成一个首尾一贯的整体,是一种综合性行动。**一个伟大的小说家、戏剧家或诗人,就是一个将许多广泛的人生经验完美地综合起来使它们有一种秩序的人。**因此,一个伟大的文学家必须对各种人生经验知道得很多,并要有极强的能力能把那些经验有意义地整理出来。这也正是为什么文艺创作者永远都要经受生活的锤炼,因为不论是人生经验(需要整理的材料)还是写作技巧(整理的方法),都是永远学不完的。

从读者的观点来看,语言具有社会性这一事实又成了一个主要的中心原则。**作家借助语言将其经验和态度整理出来,从而在读者心中产生作用,使读者也能把其个人经验和态度略事整顿。经过这番整顿,读者的内心也就可以变得略微整齐些。这就是艺术的目的。**

第二编 语言和思想

科学家用来思考专门问题的术语……已经引起很多人重视……可是日常语言中的俗语，以及一般人用来思考道德问题、政治问题、宗教问题、心理问题的文学和哲学习语，却都很奇怪地被人忽视。我们一说到"不过是篇言辞"时，口气里就含有言辞是不值得严肃的人重视的意思。

这是一种十分不幸的态度，因为事实上，言辞在我们的人生中占据着极其重要的地位，值得我们细心研究。我们从前认为语言具有不可思议的魔力，那是错的。那一错误源于我们歪曲了一个非常重要的真理。言辞确实有魔力，但与魔术家想象的方式不同，而且对于魔术家想要影响的人物并不一定能够起用。言辞之所以会有不可思议的魔力，是因为它们能够影响使用言辞的人的心理。当我们用轻蔑的口吻说出"不过是篇言辞"时，我们忘了言辞有形成人类的思想、调节人类的感情、指导人类的意志和行动的能力。我们的行为和个性多半都由我们现在讨论自身和周围世界时所用言辞的性质所决定。

——奥尔德斯·赫胥黎，《言辞和它们的意义》

[第十章]

我们是怎样得到知识的

> 研究语言行为（language behavior）时应该考虑的中心问题是语言与现实、言辞与非言辞之间的关系。除非我们能够了解这一关系，否则我们就会遭遇勉强解释言辞与事实之间微妙的关系，胡言乱语，进而为自己创造出一个虚构的幻想世界这一严重危机。
>
> —— 温德尔·约翰逊（Wendell Johnson）

母牛"阿花"

宇宙不停地在变迁，星球不停地转动、长大、冷凝、爆裂。地球本身也在不停地变迁：山岭受到侵蚀，河流变更路线，山谷日渐加深。所有的生命都是一个变迁的过程，从产生、长大到衰败，直至死去。甚至我们所谓"静止"的物体，如桌子、椅子、石头，据我们现在所知，也都并不真是静止的，因为它们都是连用显微镜也看不出来的转动着的电子组成的。假使一张桌子今天看来和昨天或一百年前差不多，那并不是因为它不曾改变，而是因为变动太小，我们粗笨的感官根本觉察不出来。

在现代科学里，事实上根本就不存在"固体"这回事。倘若物质看上去像是"固体"，那只不过是因为它的转动不是太迅速，便是太微少，我们感觉不到。它之所以是"固体"，就像一张有颜色的图画转动得极快时变成"白"色、一个"陀螺"急速旋转时像是站住了一样。我们的感官能力极为有限，所以我们必须经常用显微镜、望远镜、速率计、听诊器、地震计等仪器来发现和记载我们的感官不能直接记录下来的事情。我们之所以凑巧能看得到觉得到某些事情，而看不到觉不到另外一些事情，是受了我们神经系统特征的限制。有些景象，我们的肉眼无法看见；有些声音，我们的耳朵无法听到，用过声音极高的唤狗口哨（这种口哨声音太高，人的耳朵无法听到，狗却听得很清楚）的儿童都知道这一点。因此，倘若我们幻想自己曾经发觉到过任何事物的"真相"，那才荒谬可笑呢。

我们的感官虽然不够用，可是有了仪器帮忙，也能告诉我们许多事情。自从用显微镜发现了细微的有机体后，我们对细菌就能稍稍控制一些。我们对无线电波既看不见、听不到也感觉不到，但是我们可以创造和变更它们，使其为我们所用。在工程学、化学和医学领域，我们所取得的种种成就多半是靠着应用各种机械，增进神经系统的效能得来的。在现代生活里，倘若单靠感官，世界上的事情至少要有一半应付不了。正是有了机械设备来强化我们的感知能力,我们才能在高速上不超速,才能计算出每个月要交的水电费。

下面我们回过头来接着讨论言辞与它们所代表的事物之间的关系。假定现在有一头母牛"阿花"站在我们前面。阿花是一个活着的有机体,不断地变动,不断地吸收食物和氧气,消化了它们后,又排泄出去。它的血液在流动,它的神经在发布命令。在显微镜下看,它是一堆各式各样的血球、细胞或细微的有机体。从现代物理学的视角来看,它是一堆堆永远都在舞蹈着的电子。可是整个的阿花到底是一个什么样的东西呢?我们却永远不会知道。即使我们在某一刹那能够说出它是什么东西,到了下一刹那,它又会发生变更,我们的描写就又不正确了。想要用语言完全说清阿花或另外任何一样东西到底是什么,根本就不可能。阿花不是一个静止的"物件",它是一个永远都在变动的过程。

然而,我们经验里的阿花则又是另一回事。对于整个的阿花,我们只能感知到一小部分:它外表的明暗光影,它的一举一动,它发出的声音和我们触摸它时的感觉。由于我们以往的经验,我们注意到它和别的我们先前称为"母牛"的动物有种种相似之处。

抽象化过程

因此,我们经验里的"物体"并不是"东西本身",而是我们的神经系统(虽然缺点很多)与神经系统以外的东西互相起的作用。阿花是独一无二的——宇宙中没有另外一样东西和它在各个方面都完全一样。可是我们的神经系统却会自动地抽出（或抽取）它和别的在大小、功能、习性上类似的动物之间种种相像之处，而把它归于"母牛"一类。

所以，当我们说"阿花是母牛"的时候，我们只注意到这个处在变动中的阿花与别的母牛的相似之处，而忽视了它们之间的差别。不但如此，我们又跳过了很大的一段，从那个活动的、瞬息万变的、在电子学与化学和神经学上来讲都是变动不息的阿花，直接跳到一个比较静止的"概念""观念"或"母牛"这个名词。读者朋友可以参阅右边"抽象的阶梯"示意图。

在这张示意图上，我们肉眼看见的"事物"占了抽象阶梯的最底层，可是它仍然是抽象的，因为它并不包括真的阿花（变动过程）的特征。"阿花"（母牛1）这个词是语言抽象阶梯上最低的一层，因为它只抽出了共同点，别的特征——昨天的阿花和今天的阿花间的不同，今天的阿花和明天的阿花间的不同——全都弃置不论。母牛这个词只顾到阿花（母牛1）、阿黄（母牛2）、小花（母牛3）……间的共同点，对阿花本身漏掉得更多了。"家畜"这个词只抽出或选出了阿花与猪、鸡、羊等之间相同的地方。"农庄资产"这个词只顾到阿花与仓库、篱笆、家畜、家具等之间的相同点，因此在抽象阶梯上所处的阶层就更高了。

我们之所以要注意抽象化过程，是因为把研究语言当成只是考查读音、拼法、字汇、文法和句子结构的人实在太多。许多人认为

抽象的阶梯

8. "财富"　　　　8. "财富"这个名词，处在最高的抽象阶层上。阿花的特性，差不多完全不提了。

7. "资产"　　　　7. 当我们称阿花为资产时，它的特性又有好些被略去了。

6. "农庄财产"　　6. 当我们把阿花附属于"农庄资产"内时，我们只顾到它和农庄上别的可售对象相同之点。

5. "家畜"　　　　5. 当我们称阿花为"家畜"时，我们只管到它和猪、鸡、山羊等相同之点。

4. "母牛"　　　　4. "母牛"这个名词，代表从母牛1、母牛2、母牛3……母牛未知数中抽出来的共同特征。每一头母牛特别的性质都不问了。

3. "阿花"　　　　3. "阿花"（母牛1）这个名词，是我们给在第二阶层上察觉到的那对象起的"名字"，这名字并不就是那对象本身，它只是代表那对象而已，那对象的许多特性都略去不谈了。

2.　　　　　　　2. 我们察觉到的母牛，这一个不是空洞的字，而是真的经验到对象，那就是我们的神经系统，从那变动的过程——母牛——的全部中抽出（选出）一些造成的。那个过程——母牛——有许多特性都删去不提了。

1. 科学上知道的母牛，照今日的科学知识推测，最后包括原子、电子等等。小圆圈代表**特性**在这个阶层存在，它们是数不清的、变化不息的。这是**过程的阶层**。

研究语言的方法就是只关注语言本身，对于这一错误观点，学校里讲授语文、作文和演讲术的方式似乎应负很大责任。

但是我们从日常经验里知道，学习语言并不单单是学会一些字词。学习语言更是要将字词与它们代表的事物正确地联系起来。我们之所以能学会一种运动里用的语言，就是靠着亲自参加或观看这种运动，细心研究发生的事实。一个小孩并不是只要学会讲"饼"或"狗"就可以了，他必须能够根据它们与真正的饼或狗的关系去正确地应用它们，我们才会承认他学会了说话。温德尔·约翰逊讲过："研究语言应该从研究语言是什么开始。"

我们一开始注意语言是什么，就得立刻考虑人类的神经系统怎样工作这一问题。当我们用同一个"狗"字去称呼各种大小、形状、外表和行为不同的生物，比如哈巴狗、狼狗、猎狗等时，我们的神经系统显然已经下过一番工夫，把它们的共同点抽象化出来，暂时不问它们之间的不同。

我们为什么必须抽象化

抽象化（删去特性的过程）是一个不可缺少的简捷方法。我们可以再举一个例子来解释一下。譬如说，我们住在一个孤零零的小乡村，村里只有四户人家，每户人家都有一栋自己的房子。甲的房子叫"天"，乙的房子叫"地"，丙的房子叫"玄"，丁的房子叫"黄"。在村里平日的来往上，这四个名词已经很够用了。可是有一天，大家讨论要造一座新房子（让我们说就是一所多余的房子）。我们不能再用"天""地""玄""黄"中的任何一个字来代表这座计划中的房子，因为这四个字中的每一个都已代表了一座固定的房子。我们必须在一个更高一些的抽象阶层上找出一个具有普遍性的名字，用来代表"和'天''地''玄''黄'有某些相同之处而又并不属于甲乙丙丁的一样东西"。但是这句话太过复杂，不可能每次都这样讲，非得发明一种简略的说法才行，因此我们就采用了"房子"这个声音。我们的字词就是从这种需要中产生出来的，它们都是一种简写。发明一个新的抽象阶层是一个很大的进步，因为它能使我们大家相互之间针对某些事情进行讨论。——比如在这里所说的这一情形下，它不但使我们能够讨论第五座房屋，而且在将来再要造房子或是在旅行中和梦中看见房子时，也都可以说得出来。

一个拍摄教育电影的人有一次对我提起，他认为拍摄"工作"是一件不可能的事。你可以拍老张用锄头挖马铃薯、老陈给汽车加油、老王粉刷仓库，可是你却无法拍出"工作"本身。因为"工作"也是一个简捷的名字，在高一些的抽象阶层上，代表许多种不同的活动（从洗碟子到航海，开广告公司，统治国家）都有的一个共同特性。

数学符号是数字抽象化后的抽象化产物，故其抽象层级更高。由于它从一开始起就恰切地将外在世界抽象化，所以它可以帮助我们预测未来可能会发生的情况。

定义

与一般人的想法恰好相反,定义对于一般事物一点也不能说明什么东西。它们只能描写大家的言语习惯,也就是说,它们只能告诉我们在什么情况下大家会发出什么声音,我们应该把定义视为关于语言的陈述。

"房子",这是一个处于较高一等抽象阶层上的名词,可以用来代替一个比较累赘的词句:"一种和小孙的平房、阿华的草舍、李太太的客栈、梁医生的大楼……都有共同点的东西。"

"红",是从红宝石、玫瑰花、熟番茄、知更鸟的胸部、生牛肉和唇膏里选出来的一个共同点,这个字就表示那种抽象的性质。

"袋鼠",动物学家所谓"草食,哺乳类,有袋动物",普通人就叫袋鼠。

我们现在可以看到,这里举出的"房子"和"红"的定义,都是沿着抽象阶梯(见第 159 页图)向下,指着下面的抽象阶层的。"袋鼠"的定义却是留在原来的阶层上。也就是说,谈到"房子",倘若必要,我们还能跑去看一下小孙的平房、阿华的草舍、李太太的客栈、梁医生的大楼,自己设法了解它们之间有什么相同的地方。这样一来，我们可能就会明白，"房子"这个词可以在什么情形下应用。但是关于袋鼠，从上面的定义里我们只能知道一点：有人是这样讲的，有人是那样讲的。也就是说，在下定义时，倘若我们停留在原来的阶层上，就等于什么也没有告诉别人，除非听者或读者对定义里所用的字词相当熟悉，自己能沿着抽象阶梯追溯下去。为了节省篇幅，许多时候一般字典都得假设读者非常熟悉定义里所用的语言。但是如果这个假设没有充分根据，同一抽象阶层上的定义就会比无用都还不如。用小的袖珍字典查"匪"字，解释是"强盗"；再查"强盗"，解释又是"匪"。

可是沿着抽象阶梯向上，指向高级抽象阶层的定义就更加没有用了。——这种定义，多数人常会不由自主地讲出来。对于一个毫不设防的朋友，你不妨试试下面这一手：

"'红'字是什么意思？"
"一种颜色。"
"什么是颜色？"
"那是许多东西的一种性质呀！"
"什么是性质？"
"喂！你到底想要干什么？"

你这三问真是把他给抬上了云霄，弄得他昏头昏脑。

相反，当有人问我们一个字的意思时，我们若是能够养成一种沿着抽象阶梯向下降落到低些抽象阶层的习惯，那种在语言里转来转去找不到方向的可能也会减少许多，而且还会有"脚踏实地""言之有物"的倾向。已经养成这种习惯的人会这样回答别人：

"'红'字是什么意思？"

"哦，下次看见好些汽车停在十字路口，你可以留意看一下对着它们的灯光。或者你也可以去消防队看一下他们的卡车漆的是什么颜色。"

让我们把自己用的名词解释清楚

我们对定义所抱有的不合实际的态度（归根结底是一种迷信），有一个十分常见的例子,那就是在学校里经常可以听到的"让我们把自己用的词语解释清楚，以便大家都能知道我们到底在讲些什么"。我们在第四章里已经看到过，倘若有一个踢足球的人解释不出足球赛中的名词，那并不是指他不理解或不会使用那些名词。相反，一个能给许多字下定义的人，并不一定知道在具体情形下这些字代表什么事物、什么动作。一般人往往相信，只要给一个字下了定义，大家彼此之间就已建立起某种程度的理解。然而，"用来下定义的字往往会比它们所解释的字的意思更为混乱、更不清楚"这一事实却没有人过问。倘若我们凑巧发现了这一事实，而把用来下定义的字解释一番，以谋补救，然后发现自己仍然还是弄不清楚后，就又将解释定义的字再解释一番，这样下去，我们就会陷入无望的纠纷中。要想避免这种纠纷，唯一的办法就是越少用定义越好，随时随地指着外向阶层——也就是说，无论写作还是说话，我们都应引用具体实例来证明自己讲的是什么。

像"苹果饼"这样一个名词，无论我们用什么字词来解释，最后总归是解释不清楚的，非得亲自品尝一下真的苹果饼的味道不可。对于比较抽象的字词，也是同样的情形。倘若我们从来没有体验过爱情，倘若我们对于道德原则从来没有强烈的感情，或者在看到一种道德原则实行了后并不感到十分快慰，那么我们可以永远不断地给"爱情"和"公正"下定义，直到世界末日，而仍然不知道它们究竟是什么意思。

科学界有一种"操作性定义"之说，用物理学家布里奇曼[1]的话来说就是："测量物体长度时必须进行实际操作，由于测量长度的方式是固定的，'长度'的概念即可就此定下。我们通常所说的概念其实就是一组操作行为，一组操作行为也就是概念的同义词。"操作性定义可以告诉我们"该做什么、该观察什么来得到关于事物的定义"。比如测量体重，找一电子体重计站上去，指针所指的数字就是我们的体重。但若我们不去进行测量操作，也就不存在一种叫做"重量"的属性。

---

[1] 珀西·布里奇曼（Percy Bridgman，1882—1961），美国物理学家，1946年因发明超高压装置和在高压物理学领域的突出贡献而获得诺贝尔物理学奖，代表作《高压物理学》。——编注

我们可以将这一定义延伸到生活中会遇到的问题上，就像"长度"概念有赖具体测量操作，我们常挂嘴边的"民主"概念也有赖具体测量民主实践，如言论自由、出版自由、法律面前人人平等等。这样再遇上有人说"不要再玩形式主义那套把戏了""多做点官员该做的事情吧""让我们在社会上重建人文关怀"，我们就可以反问道："你的意思是什么？你实际上想说的是什么？"**经常这样自问或反问他人，就会在这个日益喧闹的世界上减少大量没有意义的陈述。**

日常生活中操作性定义的最好例子莫过于食谱，每样菜用什么料、每样料用多少合适、先做什么后做什么，都有详细说明。偶尔研究一下食谱，亦可增进我们说话的清晰度和可检验性。

在字眼里兜圈子

换句话说，我们应该十分注意防范的思想，就是那种永远离不开高级抽象阶层，永远不能指向抽象阶梯下面的低级阶层，由此转到外向世界的思想：

"你所说的民主是什么意思？"
"民主就是维护公民权利。"
"权利又是什么意思？"
"权利就是老天赋予我们每个人的特权，也就是人类生来就有的特权。"

"就像?"

"譬如说自由。"

"自由又是什么意思?"

"宗教自由和政治自由。"

"那又是什么意思?"

"我们做事作风民主,就有宗教和政治上的自由。"

我们当然也可以针对民主这一主题谈论一些有意义的话,比如杰斐逊与林肯和波普(《开放社会及其敌人》)在谈论民主时都做到了言之有物,但像上面所举的例子那样则实在不行。一般在说话时始终离不开较高抽象阶层的人们,不但犯了分辨不出他们什么时候在说有道理的话、什么时候是在胡言乱语的毛病,而且他们在听众心里也会造成同样缺乏辨别能力的现象。他们从不切切实实地说话,只是在字眼里兜圈子,丝毫没有注意到,他们虽然嚷了大半天,却一点也没有说出什么东西来。

这并不是说我们必须永远不讲在外向观点上毫无意义的话。当我们发号施令,讨论将来,致仪式性的言辞,说一套客套话,或者参加社交谈话时,我们所讲的一切常是在外向世界里无法证实的。我们绝对不能忽视,我们最高的理论和想象能力都是从我们所用的符号不受它们代表的东西的牵制而来的。由于有这样的情形,所以我们不但能从较低的抽象阶层很自由地快速升到非常高的抽象阶层(从"米"到"食物"到"农产品"到"国民财富"),还能在符号们所代表的事物并不真个实现（倘若我们把全国的货车首尾连成一条直线）的情形下，随心所欲地运用符号。

此外，我们还可以自由地随意创造符号，哪怕它们只代表从别的抽象概念中间接得来的抽象概念，与现实不发生直接关系，也不要紧。譬如说，数学家经常会演算一些没有实际内容的符号，看看结果如何，这就叫"纯粹数学"。"纯粹数学"远非无用的娱乐可比，因为好些数学体系在演化时并没有人想到其实际用途，只是到了后来却往往会证明有意想不到的用处。可是在处理全无外向意义的符号时，多数数学家都晓得自己在做什么事情。我们也必须知道自己在做什么事情。

然而，当我们说着日常生活中的语言时，大家（包括数学家在内）往往都是乱嚷一阵，自己也不知道自己在做什么。抽象阶梯的主要用处就是使我们注意到抽象化过程，这一点我们在本章和下一章里都可看出。

对抽象名词的猜疑心理

有了抽象阶梯，我们就可以把所说的话、所用的字一一排在不同的抽象阶层上。

"张太太烧饼做得好"这句话可以看成是一句抽象阶层相当低的话，虽然它无疑也略去了许多特性，例如：（1）所谓烧饼"好"，这个"好"字究竟有什么意思？（2）偶然也有几次，她的烧饼做得并不成功。

"张太太烹饪手段高明"这句话的抽象阶层就高了一层。因为它不但包括张太太做烧饼的本领，还包括她炒菜、做凉菜、煮面的本领，只是没有特别提出她能做哪一样。

"苏州太太烹饪的手段都很好"这句话就是更上一层了。倘若我们说这样的话，就得吃过好几位苏州太太烧的菜。

"中国烹饪术的地位极高"这句话就属于更高的抽象阶层了，因为我们一旦要说这句话，就不但得吃过上海、汉口、长沙、广州、北京、兰州和重庆各地家庭、旅馆和菜馆的菜，还得知道其他相关的事实，例如中国出版的烹饪书籍何等丰富优美等。

现在流行一种趋势，每逢说到"不过是一抽象名词而已"，总是对抽象名词抱持一种轻视态度，这种态度固然可以理解，却也是一种不幸的现象。沿着抽象阶梯一层一层地上升显然是人类特有的一种能力，没有这种能力，我们也就不可能获得哲学和科学上的见解。在化学这门科学中，每次遇到氧化氢这个名词，我们必须能够暂时不顾水是湿的、冰是硬的、露水像珍珠，以及氧化氢在现实世界里其他的特征，而只想到那一化学方程式。"伦理学"要成为一门学问，研究者必须能够想到在不同的情形和文化里一般伦理行为有什么共同点，他必须能从许多品行端正的人那里（无论他们是木匠、政客、商人、军人等）找出他们行为上的共同点，又从佛教、犹太教、儒教和基督教的行为法则里找出它们教条上的共同点。最抽象的思想同时也可能是具有最普遍效用的思想，比如耶稣那句有名的律令："无论何事,你们愿意人怎样待你们,你们也要怎样待人。"

然而,高度抽象的名词已经得到了一个坏名声,因为常会有人有意无意地用它们来搅乱别人的思路,使他们想不清楚。几个强国争抢油矿,却可能美其名曰"保护小国领土完整"。日本侵略其他东亚国家,却说是要建立"大东亚共荣圈"。战后苏联步希特勒之后尘,用军事政治手段颠覆别国政府,却美其名曰"解放"。可是根据抽象阶梯来看,我们的所有知识都是抽象的。对于你吃的苹果,你并吃不出它是否"富含维生素 C",你只是相信如此而已。对于你自己坐着的椅子,你所知道的只是从那一整体中得来的一个抽象概念。即使你和你太太已经结婚三十年,你对她所知道的仍然只是一个抽象概念。"不信任所有的抽象名词"是一句毫无意思的话。

因此,检验抽象名词的标准并不是它们的抽象阶层"高"或"低",而是能不能从它们推引到较低些的阶层。倘若我们想要谈论"中国烹饪术",我们说的话就必须能够推引到抽象阶梯的下面各级,一直到中国的饭店、酒店、保存食物的技术等详细情形,以至张太太在厨房里做菜的手段。倘若我们谈到"香港的报纸",我们必须能从香港的各种报纸——中文报、英文报、日报、晚报、大报、小报等——举出例子。倘若我们谈到"公民权利",我们必须了解国家和地方法规,还必须了解法官、官员、警察、学术名流和普通大众的行为,他们的行动和决定会影响到我们在法院、政治上和社会上所能享有的最低限度的待遇,即"公民权利"。无论是牧师、教授、新闻从业者还是政客,只要他们说的话能够有系统地、切实地推引到较低的抽象阶层，他们就并不只是"空口说白话"，而是言之有理。

停滞在某些抽象阶层上

美国爱荷华州立大学已经过世的温德尔·约翰逊教授写过一本书，叫《无所适从的人》(*People in Quandaries*)。书中论及一种他叫做"停滞在某些抽象阶层上"的现象。有些人似乎会永远或多或少地停滞在某种固定的抽象阶层上——有些停在高的阶层上，有些停在低的阶层上。譬如说，有些人老是停滞在"低的抽象阶层"上。

> 我们可能都知道，有些人似乎能够不断地讲来讲去，而永远得不出一个非常普遍的结论。例如，有些聊天的人，讲来讲去都是"他说""我说""她说""我说""他说"，最后归结到"总之，我就是对他那么讲的"。许多学生假期出行写给亲朋好友的书信往往也都属于这类文字，里面充满了我看到什么地方、什么时候到、什么时候离开、吃了什么东西、价钱如何、睡的床是软是硬等种种琐事。

有几种精神病人的"抽象化过程受到阻碍"（约翰逊之语），同样患着不能升到高抽象阶层的毛病。他们会把无关紧要的小事一件件讲个不停，却从来不会把它们聚到一起，得出一个结论，使那些事实能有一种意义。

还有一些人说的话老是停留在较高的抽象阶层上，和比较低的阶层很少甚至完全不发生接触。这种人的语言老是虚无缥缈，不着边际。约翰逊说得好：

> 含糊、暧昧，甚至完全没有意思，是它的特征。只要把各种流行的通告小册子和不花钱得来的《新思想》杂志等留存起来，我们就能在很短的时间内聚起一大堆材料用来作为例子。图书馆里的图书、报摊上的杂志、广播和电视节目中当然还有更多的材料。日常谈话、教室里的讲词、政治演讲、毕业训词，以及各种座谈会、讨论会等，为这种脱了缰的语言提供了另外一个丰富的泉源。

（作者曾经听到，美国中部某所大学开了一门美学课程，整个学期专讲艺术美和它的基本原则，即使有学生问起，教授先生也仍然坚持不肯说明他的原则能够应用到哪些画作、交响乐、雕塑和别的艺术品上。他常说："我们的兴趣是在原则，不在细节。"）

老是停滞在较高的抽象阶层上也会使人心理不正常，因为倘若我们只管乱画地图而不问实际地形如何，就会不可避免地引发妄想。但是，我们无论是停留在高的阶层或低的阶层上，结果都会是同样无趣：

> 说低阶层话的人使你失望，因为他啰啰唆唆地告诉了

你许多事情，却丝毫不能告诉你那许多消息有什么用。说高阶层话的人使你失望，因为他说了半天也说不出一个所以然来……你失望了，又加上受了社交礼节（或教室规则）的限制，非得静静坐着，一直等到讲话的人讲完为止。因此，除了做做白日梦，慵懒地消磨时光，或者直接打瞌睡，也就没有别的事好做。

显然，有趣的谈话和写作，以及清晰的思想和随之而来的和谐心境，都需要高级抽象阶层与低级抽象阶层、语言与现实不停地互相发挥作用。这种相互作用在科学上时时都在进行：假设与观察所得、预计与事实结果需要不断地进行核对。（不过想必大家都有所体会，某些科技刊物上刊登的科学文章，有时也会僵化抽象得吓死人，让人看得丈二和尚摸不着头脑。即便如此，这些文章的内容仍能得到验证，要不也就算不上科学。）

好小说家和诗人的作品也能体现出这种高级抽象阶层与低级抽象阶层之间经常不断的相互作用。一篇"意味深长"的小说或诗歌，在帮助读者了解人生的某一点上有着极高的普遍性效用，只是作家能用他观察描写实际社会情况和心理的能力使他的结论十分有力地打入读者心坎，使他们信服。

一部文学作品中人们忘记不了的角色，比如《水浒传》里的鲁智深和《红楼梦》里的贾宝玉，若是当成具体的描写来看，价值极高，因为它们既表现出了活生生的个人，同时它们也具有普遍性价值，因为它们也表现出了"典型"人物。

一个伟大的政治领袖也是能够经常在高级抽象阶层和低级抽象阶层之间来去自如的人。在各地替他"跑龙套"的人，在政治上只知道低级抽象阶层。他们只知道用什么诺言、什么方法才能使民众照他的意思投票。他不忠于原则（高级抽象阶层的抽象概念），只忠于个人（政治领袖等）和眼前利益（低级抽象阶层的抽象概念）。所谓能说不能行的政治理论家，知道高级抽象概念（"民主""人权""社会公道"等），但对具体事实却知道得不够多，因此永远无法成功。然而，许多使国家民族得到幸福的大政治家，却能用种种方法同时达到高级目标（"自由""统一""公道"）和低级目标（"提高购棉价格""增加纺织工人工资""司法改革""土壤保护"）。

能写趣味隽永文章的作家，谈话内容充实的演说家，思路正确的思想家，应对得体的个人，在抽象阶梯的各个层面都能活动自如；他们能够迅速地、优美地、有条不紊地从高级阶层落到低级阶层，再从低级阶层升到高级阶层——他们的心智又活泼，又敏捷，又美丽，就像在树上飞来飞去的猴子一样。

[第十一章]
捕风捉影

那一天上楼时遇见个人，
他实在并不在世上生存，
幸好他今天已不再出现，
但愿他，但愿他永勿露面。

——休斯·默恩斯（Hughes Mearns）

每个人都知道，一般人看不到事物的真相，只能看到几种固定的典型……华德·席格德先生经常告诉他的学生，他们之所以画不出手臂，就是因为他们心里事先就存有一种先入之见，觉得手臂应该是什么样的，所以在绘画时反而画不出一条真实的手臂来。

——休姆（T. E. Hulme）

不要这样开动汽车

下面是1948年9月8日芝加哥《每日新闻》上刊登的一个故事：

> 多伦多（联合社）讯——戈登·梅托加夫，29岁，因所驾汽车中途机件损坏，怒击车后玻璃窗，重伤毙命。据验尸官云，死者身重200磅，前臂上若干血管爆裂，流血极多，后虽搭车前往医院就诊，终告不治。据警方消息，梅氏之车系1927年型，于数周前始购得，嗣后不时损坏，不特所费不赀，且增车主不少烦恼云。

我们来分析一下这位先生的反应是怎样组成的吧。他对那辆汽车发怒，就像他可能会对一个固执而不肯合作的人、马或驴子发怒一样。他打汽车一拳想要"教训"它一顿，这一反应虽然是不假思索自发自动的，实际上却相当复杂，因为它包括（1）他对他的汽车产生了一个抽象概念（"那辆可恶的老爷车"），（2）他对他自己的概念而不是对现实（那辆车本身）作出反应。

原始社会里人们的行动方式往往比较相似。每逢收成不好或山石崩坠，他们就向五谷或山石的神明献祭，和神人"打个交代"，希望以后神明能特别垂青，待他们好些。其实我们大家也都常会作出类似反应。有时我们不慎被椅子绊了一跤，常会踢它几脚骂它几声。有的人在收不到信的情况下会气呼呼地冲着邮递员发火。之所以会出现上述这种行为，就是因为我们把脑子里的概念与外界现实搅混了，因而在行动时就把自己的概念真个当成外界现实看待。我们先在脑海里虚构出一张故意把我们绊了一跤的假椅子来，然后把那张对谁都没有恶意的真椅子"惩罚"了一顿。我们先造出一个虚幻的、臆想的邮递员来，以为是他扣下了我们的信，而把真的邮递员骂跑了。事实上，倘若真有我们的信件的话，他一定会异常愿意送来的。

抽象阶层之混乱

但是，从比较广泛的意义上来讲，我们都在不断地混淆抽象阶层，把我们脑子里想的与现实混在一起。譬如说，我们讲一支铅笔是黄色时，就像"黄色"真是铅笔本身的性质，而不是我们身外某种事件与我们的神经系统相互作用的结果，就像上面曾经提起过的那样。这也就是说，我们把抽象阶梯最低的两个阶层混为一谈，把它们当成了一个。严格来说，我们就不该讲"这支铅笔是黄的"，因为这句话把黄色当成是铅笔的一个成分；我们应该换种方式说："那个对我产生作用使我叫它'铅笔'的东西，同时也对我产生了作用使我说它是'黄'的"。在日常语言里我们当然用不着这样正确，可是我们应当注意，后一种说法考虑到了我们的神经系统在创造无论哪一个对现实的印象时所起的作用，前一种说法则一点没有提到。

这种把我们内心想象的事物与身外事物混为一谈的习惯，主要是科学发明之前遗留下来的一种思考方式。**文明愈加进步，我们就**

愈加能够感觉到我们的神经系统自动地略去了当前事物的特性。倘若我们不知道有些特性已被略去，或者感觉不到抽象化过程，我们便会一看见某种事物便信以为真，从而使看见和相信成为一个过程。 譬如说，一个原始社会里的人遇见过 21 条响尾蛇，对那种蛇有一种很深的印象，倘若他后来看到第 22 条响尾蛇时还是照常反应，拔腿就跑，大概不致会有大错。可是，文明社会给予我们神经系统的问题要比响尾蛇复杂得多。柯齐勃史基在他的《科学和心理健康》(*Science and Mental Health*) 一书里讲到，有个病人一看到屋子里有玫瑰花就会花粉过敏。有一次有人做试验，把一束玫瑰花突然放在他面前，他就立刻花粉过敏起来，虽然那束玫瑰花事实上都是纸做的。也就是说，他的神经系统一看到就相信了。

但是，我们前面曾经用抽象阶梯说明，与经验中的真实"事物"相比较，语言属于更高一些的抽象阶层。属于很高抽象阶层的字词越多，我们也就愈加能够体会到这个抽象化过程。譬如说，"响尾蛇"这个名词把真正响尾蛇的每个重要性质都略去了，可是在一个遇到过真响尾蛇的人的记忆里，这个名词却是那时种种复杂可怕经验里活生生的一部分，这个名词引起的感觉就会和一条真的响尾蛇一样。因此，有些人确实是会闻"字"色变的。

这就是人们认为语言有魔力的原因所在。我们把"响尾蛇"这个名词当成是和真的动物一样而且不可分离，因为它们在我们心中所引起的反应是一样的。这句话听起来近乎荒谬，事实上也确乎荒谬，可是从科学没有发明以前的逻辑来看，却也自有其道理。在《原始思维》(*How Natives Think*)一书里,列维-布留尔(Lucien Levy-Bruhl)说,原始人的逻辑确实是遵照这样一条原则推演出来的。那个动物使我们害怕,那个字也使我们害怕,因此那个动物和那个字就是"一样的"东西——哪怕事实上并不一定一样,两者之间也免不了会有"神秘的关系"。列维-布留尔所谓"神秘的关系",就是我们在第二章里讨论许多人对语言所抱有的天真的看法时曾经提起过的所谓"必然的关系",正是因为抱有这种天真的想法,我们才会认为语言有"魔力",进而定出许多"可怕的字""禁字""不能说的字",把那些字当成真个享有它们所代表事物的特性。在实际生活中,我们几乎每天都能碰到这种情形。许多人一听到别人是上海人(或河南人),就会立刻产生一种反应:"假如他是上海人(或河南人),他一定是好(坏)人。"事实上,我们凭想象或传闻得来的对上海人(或河南人)的印象,可能和我们现在亲眼看见的这个真正上海人(或河南人)毫无关系。你想象中的上海人(或河南人)开通阔绰,他倒可能十分守旧节省;你以为他狡猾不可靠,他倒也许忠厚诚实,循规蹈矩。你若是硬把他当成你心目中的"上海人(或河南人)"看待,也许就会失去一个很好的朋友,或是得罪一个很好的帮手或主顾。**在现代社会里生活的人,必须能够亲自观察,了解现实,不要被从过去的印象或人言得来的"先入之见"迷住了心,将概念与现实混淆不清,引起许多不必要的误解。**

犯人张三

把许多抽象阶层混为一谈的弊病，可以从像下面这样的例子里看出来。譬如说，张三"在监狱里关了三年，刚被释放出来"。这句话可以说是已经很抽象了，但毕竟还是报告了一个事实。然而，许多人一听到这句话，心里就会立马产生一种更加抽象的观念："张三从前犯过罪……他是个犯人"。但是，"犯人"不但比"他在监狱里关了三年"更加抽象得多，而且也是一个判断，含有预言的意思（他从前犯过罪，将来可能还会犯下其他罪；参见第三章）。结果便是，每逢张三去找工作，不得不说明他曾在监狱住过三年时，雇用他的人很可能会自动地把两个不同的抽象阶层混到一起，从而就会对他讲："你不能要我起用犯人呀！"

单从上面简单的报告来看，张三可能真的已经完全改过自新，而且也有可能他以前入狱时本身就是冤枉的。可是他却可能会到处奔波，无法找到工作。倘若他最后真的失望了，自己对自己讲道："既然每个人都把我当犯人看，那我就真的变成个犯人吧。"于是他就出去犯下一桩枪案。我们似乎绝对不能说这一切都是他的错。

读者朋友想必都知道，谣言传得愈广，内容就会愈变愈严重。**许多谣言之所以愈传愈夸张，就是因为有些人忍不住要向更高的抽象阶层上走，从报告进展到推论，从推论进展到判断，然后再把不同的阶层混杂起来。**根据这种"推理"方法：

报告:"周婉贞上周六晚上直到夜里两点才回家。"

推论:"我敢担保她一定是在外面鬼混。"

判断:"她是个一文不值的贱女人,我从来就看不上她那副样儿。第一眼看见她我就知道她是个什么人。"

由于我们对别人的行动常以这样匆促得来的判断为基础,也就难怪我们不但常把别人的生活弄得异常痛苦,而且常常把自己的生活也弄得十分不快。

像这种混淆不清的现象,我们最后还可以再举一个例子。当一个人说"我失败了三次"和说"我是一个失意的人"时,请注意这两种说法所代表的心理和产生的效果有多么不同。

虚幻的世界

我们只要能够注意到抽象化这一现象,就能对有些事物形似而实非、有些事物名同而实异,以及判断并不是报告等等事实先有一个准备。简单来说,我们可以不至于做傻事。倘若我们没有注意到抽象化这一现象——或者说,因为没有深切地感到所见的一切并不能全部置信,所以还没有养成不立刻作出反应的习惯——我们就会对真玫瑰花和纸玫瑰花、真上海人(或河南人)和想象中的上海人(或河南人)、活生生的"张三"和幻想中的"犯人"之间的分别,完全没有准备,不知道该怎么办。

不立刻作出任何反应,是一个人已经到达成年的表示。可是**由于错误的教育、不良的训练、幼年时可怕的经验、陈腐的传统信仰宣传,以及生活中其他因素的影响,我们每个人的精神里都有"不健全的领域",或者说得更好听一些就是"幼稚的领域"**。由于我们自己"偏见太深,看不清楚",对于某些问题我们总是觉得"想不通"。譬如说,有些人因为小时候的一些经验,一看见警察(任何一个警察)就会惊惶不已;他们脑子里"可怕"的警察,代替了外界世界里任何人都看不出有什么可怕的真警察。有些人看见任何一只蜘蛛都会面色惨白,甚至面对一只好好地关在瓶子里的蜘蛛也是如此。有些人一听到"法西斯""资产阶级"这类名词,就会立刻自动地产生仇恨的感情。

倘若我们对抽象化现象如此麻木,我们脑子里代表现实的图画便会成为一幅完全表示不出任何真实"地域"的"地图",而变为一个虚构的世界。在这个虚无缥缈之乡里,所有的"上海人(或河南人)"都是靠不住的;所有的"资本家"都是吃得肥头大耳的专制魔王,抽着昂贵的雪茄烟,对工会采取咬牙切齿的敌对态度。在这个世界里,所有的蛇都是有毒的;所有不肯听话的汽车,只要一拳打中它的要害,就会乖乖地照规矩走了;所有说话有外国口音的陌生人都是敌国的特务。有些人在这种虚构的世界里住得太久,最后便被关到疯人院里去了。可是,不消说,现在还有许多这样的人依然自由自在。

我们怎样才能将自己思想里这种"幼稚的领域"消掉一部分呢?

一个方法是要深刻地认识到，言辞与它们所代表的事物之间并没有"必然联系"。为此，研究一门外国语言，即使没有别的用处，也总是会对我们有益的。另一个办法则是注意抽象化过程，充分认识到言辞对于任何事物都无法"尽言"；**抽象阶梯的目的就是要帮助我们了解并不断地注意到抽象化过程，由此亦可减少或摆脱对人对事的偏见**。作为父母或老师，我们不论多么小心也都还是会不由自主地把许多错误信息传递给我们的孩子；在这种情况下，若是教会他们留意抽象化过程，也就可以帮助他们摆脱我们无意中传递给他们的错误概念。

[第十二章]

分类

倘若我们在法律上要为白昼和黑夜、幼年和成年,以及其他各种对立的事物确定一个界限,我们必须要能确定一个点,画定一条线——或者经过多次决定再下结论也行——以表示变化是在那里产生的。单看这一点或这条线本身我们可能会觉得像是很勉强,不是略略偏向这边就是略略偏向那边。但当我们知道我们必须有一条线或一个点,而又没有数学方法或逻辑方法将这条线或这个点定得非常准确时,只要那一法律上的决定可以说是离合理标准并不很远,我们就只有接受它这一条路可走。

——奥利弗·霍姆斯(Oliver Holmes)

一个字真正的意义,当然只能从一个人怎样用它看出来,而不能以他怎样讲来定。

——布里奇曼(P. W. Bridgman)

[第十二章] 分类

取名字

下图里有八样东西,就算是八个动物吧:四个大的,四个小的;四个头圆,四个头方;四个卷尾巴,四个直尾巴。假定它们在你的村庄附近跑来跑去但是最初与你毫无关系,所以你平日里也不理会它们,甚至都没有给它们取一个名字。

然而,有一天,你发现那些小的动物在偷吃你的谷子,大的却没有偷吃。于是,这些动物间就出现了差别。从这一共同特性出发,你把甲、乙、丙、丁叫做"哥哥",把戊、己、庚、辛叫做"姐姐"。你把"哥哥"们都赶跑了,对"姐姐"们则置之不理。可是,你的邻居在生活中所得到的经验却与你不同:他发现方头动物会咬人,圆头动物不会咬人,因此他就根据这一共同特性,把乙、丁、己、辛叫做"弟弟",把甲、丙、戊、庚叫做"妹妹"。与此同时,另一位邻居发现弯尾巴的动物会杀蛇,直尾巴的动物不会杀蛇,于是他便依据这一共同特性,把甲、乙、戊、己叫做"杀",把丙、丁、庚、

185

辛叫做"不杀"。

假定有一天，你们三个人聚到一起聊天，这时恰好戊从你们面前走过。你说："那边过去一个'姐姐'。"你的第一位邻居说："那边过去的是'妹妹'。"另一位邻居却说："那边过去的是'杀'。"你们之间立刻就会大肆争辩起来。那个动物究竟是什么："姐姐"？"妹妹"？还是"杀"？它的正确名字是什么？正在争吵间，又来了一个外村的人，把它叫做"好肉"，因为在他们那里它是可以吃的；不能吃的叫"坏肉"。这位先生虽然也参加了你们的讨论，但对解决问题却是一点忙也帮不上。

"它究竟是什么？什么才是它的正确名字？"这当然是一个没有意思的问题。所谓没有意思的问题，就是指一个无法回答的问题。符号和它们所代表的事物之间一定要有必然联系才会有"正确的名词"，可是我们前面已经看到，这种关系事实上并不存在。也就是说，你注意到的是如何保护谷子，所以你叫它"姐姐"。你的邻居怕挨咬，觉得叫它"妹妹"比较方便。另外一位邻居极其恨蛇，它能杀蛇，所以叫它"杀"。**我们把事物叫做什么名字、在哪一点或哪条线上将两种不同的东西分开，会根据我们的利益和分类目的而定。**譬如说，在食品工业、皮革工业、兽毛工业和动物学里，各种动物的分类方法都会有所不同。没有一种分类方法会比别的方法更加固定而永久，因为每一种分类法都只是对其自身目的有用。

对于我们可以察觉到的所有事物，上面的话都能适用。在我们看来，一张桌子就是一张桌子，因为我们知道它与我们的利益有什

[第十二章] 分类

么关系：我们可以在它上面吃饭、做工、放置东西。但是，对于一个在从来不用桌子的文化里生活的人来说，它则可以是一张很大的凳子、一个很小的平台，或是一件没有意义的东西。也就是说，倘若我们接受不同的教育拥有不同的文化，连我们的世界看起来都会不是同一个样子。

譬如说，许多人都分不清各种鱼，像鲫鱼、鲤鱼、扁鱼、青鱼、乌鱼、带鱼等，往往用一句话"它们都不过是鱼，我就不喜欢鱼"就把它们都包括进去了。然而，对一个爱吃鱼的人来说，上面这些不同的鱼之间却都有着实实在在的不同，因为对他来说，它们代表各种不同的滋味：有的肉多，有的肉少；有的下饭，有的不下饭。对一个动物学家来说，更加精细的差别显得非常重要，因为他另外还有更大的目标。所以当我们听到"这条鱼是鲫鱼"这类话时，即使漠不关心的人也会承认它是"真"的，这并不是因为它是那条鱼的"正确的名字"，而是因为它是一群对鱼类最有兴趣的人，在他们所发明的最完善、最普遍的分类制度里所给予那条鱼的分类名词。

因此，当我们替各种东西取名字的时候，我们就是在给它们进行分类。我们正在定名的事物，本身当然没有名字，而且在我们给它们进行分类之前也不属于任何种类。再举个例子吧。譬如有人要我们解释"韩国人"的外向意义。我们唯一的方法就是指着现在活着的全体韩国人说："'韩国人'这个词目前就是指这些人：甲1、甲2、甲3……甲n。"倘若这些韩国人里生了一个小孩（我们用申来代表）。"韩国人"一词的外向意义，本来是在申出生之前决定的，并不包括申在内。申是一个新人，什么种类都不属，因为所有的种类在归类时都没有把申考虑在内。可是为什么申也是一个"韩国人"呢？因为我们说他是韩国人。我们既然这样讲了，定了种类后，将来对申的态度就有了相当的规定。譬如说，在韩国，申将永远都会享有某种权利；在别的国家，他将会永远被看成是一个"韩国人"，受关于"韩国人"的法律限制。

一谈到"种族"和"国籍"，我们就会更容易看清分类是怎么一回事。就拿作者本人来说吧，讲"种族"是"日本人"，讲"国籍"是"加拿大人"，可是在朋友眼中他却"大体上"是一个美国人，因为他的思想、谈吐、行为和衣着都和别的美国人差不多。因为他是一个"日本人"，他受法律限制不能变成美国公民；因为他是"加拿大人"，所以他在不列颠联邦各处都可享受某种权利；因为他是"美国人"，所以他和他的朋友们很合得来，现在美国一所高校教书。这些"分类"是不是真的呢？当然是的。它们之所以为"真"，是因为每一种分类对他可以做什么、不可以做什么都有很大影响。

此外还有一个几年前发生的关于一位小移民的故事。他的父母都是"捷克"人，按照每年的移民人额可以进入美国，可是他自己凑巧出生在一艘"英国"船上，所以是"英国籍"。那一年，英国人的移民人额已经满了，因此美国移民局便认为这个新生婴孩"不能进入美国"。结果如何解决，作者并不知道，不过这种例子随时随地都可以找得到。

给狗、猫、刀、叉、香烟、糖果等种种东西分类，不会有像上面那样的复杂情形。可是当我们给高度抽象阶层上的东西，比如描写行为、社会制度、哲学问题和道德问题的名词进行分类时，马上就会遇到很大困难。一个人杀了另一个人，究竟应该算是什么行为呢？谋害？一时神经错乱而去杀人？误杀？还是一种英勇行为？一旦分类完毕，我们的态度和行为就会变得相当固定。谋害者处死，精神错乱者监禁，为环境所迫者释放，给英雄授勋章。

头脑顽固

不幸的是，多数人都不会一直注意到自己是怎样对事物进行分门别类的。他们没有注意到"把张三称为犯人非但没有顾及张三本人许多真正的特性，反而还派给张三'犯人'这个名词的情感含义所暗示的一切性质"便贸然对张三作出最终判断："唉，犯人总归是犯人，有啥办法。"

硬把别人叫做"广东人""上海人""老小姐""交际花""穷鬼""守财奴""滑头""书呆子"等，进而对其作出一个草率的判断，或者不如说是产生一种固定的反应，是一件何等不公平的事情，我们在这里也无须细述。"草率的判断"包含着要是能慢慢地想这种错误就可避免的意思。事实上却也并非完全是这样。有些人虽然也慢慢地想了，但却仍然得不出更好的结果。这里我们要研究的便是：我们为什么会因为这种自动反应而变得头脑顽固。

我们再来接着谈一谈"犯人总归是犯人，有啥办法"那个例子吧。说这句话的人把真的犯人和他们脑子中虚构的犯人混为一谈,这一点我们在上面已经讲过。和这种人接触过的读者想必都知道,倘若有人和这种人争辩,指出有些犯人是冤枉入狱的,有的还在狱中写出伟大的作品(文天祥不就是在狱中写成《正气歌》的吗?),他们往往会说"当然有例外了",也就是说,根据以往的经验,他们不能不承认,在许多犯过罪的人里面至少会有几个是不合他们"先入之见"的。然而,接下去他们就会趾高气扬地说:"可是这些少数是例外——'例外证明法则'——这也就等于说,事实不算数。"这种毛病犯得非常厉害的人,有时却可能会有至亲好友不幸而曾身陷囹圄,然而对于至亲好友,他们却又另有一番解释:"我从未想到他们也是犯过罪的,他们是我的至亲好友。"换句话说,即使有过亲身经验,他们脑子里幻想的"犯人"还是丝毫不变。

像这样的人永远都无法从经验里学得智慧。他们一味只顾投"民主党"或"共和党"的票,至于那两党究竟做了些什么,他们一概不问。他们一味反对"社会党",至于社会党的纲领如何也是一概不问。他们一味认为母亲是神圣的,所有母亲都是如此。有一次,一位太太经过医生和心理分析学家诊断,都认为已经疯得太厉害,毫无恢复神志的希望。然而,当一个负责审查是否该将其关入疯人院的委员会开会时,一位委员坚决反对。"诸位,"他用了无比尊严的口吻说道,"你们必须记得这位女子毕竟是位母亲呀!"同理,这种人会一味恨"新教徒",对所有新教徒都是这样。当他们投一个政党的选票时,他们也不问那个政党里是不是良莠不齐或者已经起了变化，而只是说："隔壁李伯伯不是也拥护他们吗？我怎么能不也跟着拥护？"忽视了在分类过程中被省略的特征，也就等于忽略了差异。

牛1不是牛2

我们要怎样才能不致误入这种精神上的迷津，或是在不幸陷进去后又能出来呢？有一个方法就是要记得：在一般日常谈话、辩论、公开论战中，"共和党毕竟是共和党""做生意毕竟是做生意""小孩毕竟是小孩""女人毕竟是女人"这种种说法都是不对的。下面我们就来研究一下它们在事实上是怎样发生的吧。

"老李，我觉得我们还是不要做这笔买卖好些，这对别的同行太不公平了。"

"嗨，话可不能那么说，做生意毕竟是做生意呀！"

后一句话看上去像是一个简单的事实报告，实则既不简单，也不是一个事实报告。第一个"生意"代表正在讨论中的买卖，第二个"生意"可就涉及"生意"的含义。这个句子是一个指示，意思是说："我们做这桩买卖，除了赚钱，别的都不用管，做'生意'就是只管赚钱的意思"。同理，当一个小孩在邻居家闯了祸，做父亲的在替他辩护时往往会说"小孩毕竟是小孩"。明白些的父亲会说："对我儿子的行为不必较真，不如一笑置之，平常我们对'孩子'不都是这样吗？"那位生气的邻居当然会回答道："小孩？哼！他就是个小流氓！"这句话不是说明，而是指示，指导我们按照固定的方法把讨论中的事物进行分类，以便我们能够根据分类的名词来感觉或行动。

要使这种指示不至于对我们的思想起到有害作用，有一个简单办法，那就是柯齐勃史基建议的：给我们使用的名词加上编号；英国人1，英国人2，英国人3……母牛1，母牛2，母牛3……法国人1，法国人2，法国人3……共产党员1，共产党员2，共产党员3……那些种类名词可以告诉我们，同类成员之间有什么相似之处；那些编号则可以告诉我们，关于每个成员都有许多特性没有提及。这样我们就能创造出一条定律，作为思考和阅读时的一个总指导：母牛1不是母牛2，犹太人1不是犹太人2，政客1不是政客2……倘若我们能够记住这条定律，就不至于把不同的抽象阶层给搅乱，并且可以在想草草下结论时非得考虑事实不可，由此一来后悔莫及的现象或者也就可以得以避免。

"真理"

大多数理论问题，归根结底，都属于分类问题和名字问题。几年前，美国司法部反托拉斯部门与美国医师公会，就行医究竟是"职业"还是"营业"发生了一场争执。美国有些法律禁止任何团体"限制别人贸易"，医师公会想要不受这条法律束缚，就坚持说行医是一种职业。反托拉斯部门想要制止某些与行医有关的经济习俗,因此坚持说行医是一种营业。双方的拥护者都互相责备对方歪曲字义,连简单的英语都不懂。

吹口琴的人算不算是音乐家呢?1948年以前美国音乐家协会一直规定:口琴只是一种玩具,因此,职业口琴家往往加入美国杂技艺员公会。甚至像拉里·阿德勒(Larry Adler)这样杰出的艺人,口琴独奏时常有整个交响乐队伴奏,按照该会的定义却也不能算是"音乐家"。然而到了1948年,美国音乐家协会发现口琴演奏家日益受人欢迎并在与它的会员竞争听众,就认定他们也算是音乐家。——这项决定不合杂技艺员公会会长的意思,所以他便立刻和音乐家协会打起了官司。

"阿司匹林"是不是一种药呢?在美国有些州,按照法律规定,它被列入药物一类,只能在正规药店购买。倘若有人想要像在别的州里一样从商店、餐馆等处买到阿司匹林,他们必须设法把它重新分类列入"非药物"一类。

行医是"职业"还是"营业"?开学校是不是"营业"?吹口琴者是不是"音乐家"?阿司匹林是不是药?平常解决这些争端的办法是查字典,看看这些字"真正的意思"是什么。另一个常见的做法则是查阅过去法庭的判例和相关的各种学术论文。然而,最后的决定并非出自过去的权威,而是要看一般人的需要是什么。倘若他们想要美国医师公会不受反托拉斯法限制,他们就会在万一必要时告到最高法院,把行医"定"为"职业"。倘若他们想要美国医师公会受到这条法律制裁,他们就会设法使法庭判决,把行医视为"营业"。就上面这件案子而论,群众最后得到法庭判决行医是否是"营业"并不是问题的中心;重要的是,根据原告诉状,美国医师公会确实限制了集体健康协会(一个设法帮助其会员得到医药福利的合作组织)的营业,反托拉斯控诉因此成立。

吹口琴的人算不算是音乐家?倘若普通民众对这个问题都不感兴趣,最终的胜利就会归属于力量更强大些的那个公会。阿司匹林是不是一种药?翻查字典,对着阿司匹林药片呆看半晌,都无法解决。最后的决定还得依照一般人爱在哪里、爱在什么情形下买阿司匹林而定。

无论如何,在所有对大众具有广泛重要性的问题上,即使旷日持久,要费好多年才能解决,社会上最后总是会得到它想要的分类。当大家想要听的判决公布之后,便会有人欢呼:"真理胜利了!"总之,**哪些分类法能够产生社会需要的结果,社会便会把那些分类法视为"真理"。**

"真理"的科学试验,就像它的社会试验一样,纯粹是以实用为标准。只是在科学试验中,当事人"所要的结果"限制得比较严些;而社会所要求的结果则可能是不合理的、迷信的、自私自利的或人道主义的,没有一定。但是,科学家所要的结果是只要我们的分类法能产生的结果可以预测得到就行。前面我们已经详细说明,分类的方法可以决定我们对分类中的事物应该抱有怎样的态度、采取怎样的行动。当我们把闪电视为"天怒"的表现,除了祷告,没有人提出过别的办法可以叫人不致触电而死。可是一经分类为"电",富兰克林发明了避雷针,人们便对闪电得到了一些控制力。过去人们认为有几种病是"鬼魅附身",一定得用各种稀奇古怪的符箓咒语来驱邪逐怪,这种种方法并不一定能有成效。可是自从把这些病症归入"细菌传染"一类,就有人想出适当对付的方法,进而也就可以得到比较可靠的治疗效果。科学所要的只是能够普遍有用的分类制度,在没有发明出更有用的分类制度之前,我们使用的这些制度在现有情形下就算是"真"的。

[第十三章]
二元价值观点与多元价值观点

那名学生说:"受过大学教育的人知道得多些,看人也看得准些。"我就问道:"你的意思是不是说,大学教育不但能给予我们平常所谓的知识,还能给予我们平常所谓的'聪明智慧'呢?"他说:"你要那么讲的话,那进大学就一点儿用处也没有了。"

——弗朗西斯·奇泽姆(Francis Chisholm)

让他(学生)知道,承认自己的议论里有错误(除他之外没人注意到),是一件有见识的诚实之举,而这也正是他所想要的主要品质;固执和爱好争论是下等品质,通常只有内心最卑下的人才会那样。变更主意,改正自己,在极力认同时仍能放弃不对的见解,是难能可贵的强者或哲学家的品质。

——蒙田(Michel de Montaigne)

[第十三章] 二元价值观点与多元价值观点

在"不论任何问题我们都必须听取双方理由"这句话里，包含着一个往往没有人深究的臆断，那就是"每个问题都可分为两个方面"。我们在思考问题时常有一种把不同的人事物加以对比的倾向，觉得不"好"的就一定是"坏"的，不"坏"的就一定是"好"的。当我们感到兴奋或暴怒时，这些感觉会变得更加强烈。比如在战争期间，大家往往会觉得，不是"百分之百爱国"的人一定是一个潜藏的"外国特务"。小孩子也会表现出这种倾向。当有人教他们历史的时候，他们第一件要知道的事情便是："这个皇帝是好人还是坏人？"在给头脑幼稚的人阅读的通俗文学和电影剧本里，一方面总是为人欢呼的英雄，另一方面则是被人唾弃的坏蛋。一般比较常见的政治思想也都是这样：一方面是"民主"，另一方面就是"极权"；一方面是"无产阶级思想"，另一方面就是"资产阶级思想"。这一只用两种价值（正负、好坏、冷热、爱恨）来观察一切事物的趋向，就叫二元价值观点。

二元价值观点与战斗

通常来说，一个人若是只有一种欲望，就会看到两种价值：（1）可以满足那种欲望的东西；（2）阻碍那种欲望的东西。假如我们快要饿死了，在我们的心目中，世界上便只有两样东西：可以吃的东西和不可以吃的东西。假如我们遇到了危险，那就只有让我们惧怕的东西和可以保护我们的东西。原始社会人们的欲望比较简单，主要是自卫和找寻食物，因此他们便将一切事物都分为两类：会给我们带来痛苦的东西和能给我们带来快乐的东西。这种生活只要清楚均匀地分成两半：好的和坏的，就可以把所有事物都包括进去，因为我们根本不会去注意那些与我们的兴趣无关的事物。

再有，在我们作战的时候，我们也会觉得只有接受二元价值观点这一条路可走。在一刹那间，除了我们自己和对手，世界上别的一切都不存在。明天的宴会，美丽的风景，关切的旁观者……所有这一切统统都被我们抛在脑后。所以我们在战争期间会把全部精神都贯注上去：肌肉紧张，心跳加速，血管暴涨，危险临头的感觉使得血液里的化学成分起了变化。在这种非常兴奋的情况下，二元价值观点不但会引起许多心理作用，还会引起同样多的生理作用，因此可以算作战斗时不可少的伙伴。

许多善战的原始民族，一辈子都要和风雨、敌人、野兽或者他们认为是附在自然事物里的恶魔战斗。对他们来说，二元价值观点似乎是一种再正常不过的看法。在这种社会里，人生里的每一桩行动都会受到宗教仪式的严格限制，不是被认为必需的，就是被认为禁忌的。文化人类学家研究发现，有几种原始人的生活简直没有多少自由可言，因为他们人生中的每一件琐事都受到严格限制，不是好的，就是坏的。譬如说，狩猎和捉鱼时必须使用固定方法，遵守固定格式，才能成功；不能在别人的影子里行走；在钵子里搅拌东西时必须自右向左，不能自左向右；叫人时不能喊名字，不然可能会被恶鬼听见；飞过村庄上空的鸟类不代表"好运"就代表"厄运"。

从这种观点来看，没有一样东西是没有意思的或是偶然发生的，因为他们看到的所有东西，凡是能够引起他们的注意，就必须属于两种价值之一。

这种思想有问题的地方当然在于，它除了用"善魔法"和"恶魔法"等名词，也就没有别的方法去估量任何新的经验、过程或事物的价值。任何与习惯不合的行动都会遭人冷眼，因为它们没有前例，所以是"恶魔法"。由于这一缘故，许多原始民族的文明显然处于停滞状态。几乎每一代都会丝毫不差地抄袭上一代的生活方式，从而变成所谓的"落后民族"。他们的语言里没有可以进步到新的评价方法的工具，因为他们观察所有事物都是从两组不同的价值着眼。[1]

政治上的二元价值观点

在像美国这样实行两党政体的国家，说二元价值话语的机会也有不少。作者经常在芝加哥拥挤的大街上听竞选广播，故对民主党和共和党在竞选时如何无情地痛击对方夸耀自己有很深的印象。他们从来不肯对敌对党派说一点赞美甚或宽宥的话。作者曾经问过一位州代表的候选人为什么会有这种现象，他的回答是："在老百姓中

---

[1] 这并不是说原始民族"不聪明"，而不过是说他们缺少文化交流，没有和别的民族把知识汇集起来的机会，因此没有什么机会去发展他们的语言，也不能得到正确地汇集知识时所必需的、更精细的评价方法。文明人之所以能进步为文明人，并非因为他们天生的智力高些，而是因为他们传袭了许多世纪以来最广泛的文化交流的果实。——原注

间犯不着说话太讲究。"

幸好大多数投票者都把这种针锋相对、互相对骂的情形（尤其是发生在总统选举期间）当成"不可避免的一部分"，所以它似乎并不一定总是会带来不好的结果；一方面夸张，另一方面也夸张，结果就有一部分夸张给抵消掉了。然而，投票者中仍然有一部分，包括受过教育的人在内，对这种二元价值观点信以为真。就是这些人和持有这种观点的报纸，才会把自己的对手描述成民族的敌人而不是对国家利益看法不同的美国同胞。

然而，大体来讲，在一个两党制的政府里，政治上的二元价值观点很难维持长久。因为不竞选的时候两个政党还得通力合作，因此必须假设对方的人并不完全是魔鬼化身，同时两党政体下的民众也能看到许多事实，证明共和党对民主党政权悲观的预测，以及民主党对共和党政权同样悲观的预测，都是从未完全兑现过。而且民众不但可以批评行政当局，还有反对党竭力鼓励他们这样去做，因此，大多数民众从来都不会真正相信有一党"完全是好的"，另外一党则"完全是坏的"。

但若一个政党觉得自己完全是对的，除它之外，任何一个政党都没有理由存在，当这样的一个政党掌握了政权时，反对党立刻便会被禁止发言。在这种情形下，那一政党便会宣布它的哲学是全国法定的哲学，它的利益是全民族的利益。德国国家社会党曾经说过："任何与国家社会党为敌的人都是德国的敌人。"即使你非常拥护德国，只要你在什么事对德国最有利这一点上与国家社会党人的意见不一致，你就会被拉出去清算。在一党专政下，以最原始形态出现的二元价值观点便会成为一国法定的思想。

希特勒给他的政治制度找到了两个主要名词："雅利安"，代表一切好的东西；"非雅利安"（或"犹太"），代表一切坏的东西。找好名词之后，他和他的宣传部门便开始有系统地让宣传工具转动起来，把这些名词强加到几乎所有他们想得到的事物上去。纳粹的广播、报纸和刊物里经常直白地出现这种二元价值观点：

凡是有关本党与国家生存之事件，一概不许有人讨论。胆敢质疑国家社会主义思想是否正确者，均作叛国论。
——国家社会党图林根总督绍克尔（Herr Sauckel），1923年1月20日

谁要是不用"希特勒万岁"招呼别人，或者只是偶然为之而且很不情愿，谁就是领袖的敌人，或者是一个可耻的叛徒……德国人民唯一的招呼就是"希特勒万岁"。谁要是不用这一招呼，谁就不是德国民族集团的一分子。
——萨克森省劳动阵线领袖，1937年12月5日

所有阻碍希特勒愿望的人或东西，都是"犹太""没落""腐化""民主""国际主义化"，再加上一个最厉害的侮辱："非雅利安"。另一方面，所有希特勒愿意称为"雅利安"的东西则都一定是高贵

的、善良的、英雄气概的、十分光荣的。勇敢、克己、荣誉、美、健康和快乐都是"雅利安"。无论他号召人民做什么事，他总是叫他们"完成雅利安人的传统任务"。

纳粹党徒们用这种二元价值观点筛查的东西多得几乎让人难以相信：艺术、书籍、人物、体操、数学、物理学、狗、猫、建筑物、品行、烹饪、宗教等，凡是希特勒赞许的就是"雅利安"，不赞许的就是"非雅利安"或是"受犹太人支配的"。

> 我们要求每只母鸡年产130—140个鸡蛋。靠着现在散布德国田园的杂种（非雅利安）母鸡，绝对不可能增加那么多。我们要把这种劣质分子杀了，另外养……
>
> ——纳粹党通讯社，1937年4月3日

> 单就兔子胆小得叫人看着就受不了这一点而论，它绝对不是德国的动物。至于狮子，我们无疑可以从它身上看出德国人的优秀性格，所以我们可以称它为侨居海外的德国人。
>
> ——鲁登道夫将军，《德国艺术起源论》

日本人被归为"雅利安人"，因为在第二次世界大战前和战时，他们与希特勒的德国保持着友好关系。这种分类法本就已经够荒唐的，但是这件事本身对希特勒的事业尚无大害。然而，他另外又犯

了一个错误,把物理学上有几个领域归入"雅利安",有几个领域归入"非雅利安"。最后制造出原子弹的正是从物理学中的"非雅利安"领域产生的理论,这对他来说真可谓是不幸之至。

在纳粹史上也可以显明地看出二元价值观点与战斗之间的关系。希特勒一掌握政权就告诉德国人民,他们"周围都是敌人"。第二次世界大战爆发很久以前他就在号召德国人民采取各种行动,就像战争已经在进行一样。不分男女老幼,每个人都要被迫参加各种"战时"工作。为了在真的战事爆发前人民的战斗意识不至于因为没有具体的敌人而渐次消沉,他让德国人在国内经常与"内部敌人"战斗,所谓"内部敌人"主要就是犹太人和其他纳粹党碰巧不喜欢的人。教育也变成一种显然是以战争为目标的东西。

> 世界上根本就没有为知识而求知识这件事。科学只给予我们的心智一种军事性训练,使我们能服务国家。大学必须是组织有才智的人的战场。希特勒万岁!他的永远的帝国万岁!
>
> ——耶拿大学校长

> 大学的任务不是讲授客观的科学,而是讲授好战的、斗争性的、英雄气的科学。
>
> ——曼海姆公立学校校长

国家社会党官方的观点从来没有放松过二元价值信仰。他们认为,"好"的东西不管你认为它们有多好都不会太过火,"坏"的东西不管你认为它们有多坏都不会太过火,好坏之间绝对没有商量的余地;一句话,"不是帮助我们的,就是反对我们的"。

人对人不人道

纳粹党徒对待犹太人和其他"敌人"的残酷行为:大屠杀、毒气室、酷刑、饿毙、活体解剖政治犯以供"科学"试验等,常使外面的世界觉得简直无法相信。关于纳粹监狱和刑场的故事早已有历史定论,可是至今却仍然有人认为那是战时制造出来的反纳粹宣传。

然而,对于研究二元价值观点的人来说,这些故事都是可能的。假如好的"绝对好"坏的"绝对坏",原始的二元价值观点便自然会要人采用一切可能的方法来扑灭"罪恶"。从这种观点出发,杀害犹太人便成为一种道德上的责任,必须有系统地、认真地执行。从联合国审讯战犯时得到的证据来看,他们对自己必须执行的那种任务确实是这样看待的。许多纳粹狱吏和刽子手并不是怀着暴怒或魔鬼般幸灾乐祸的心情去执行他们那可怕的任务,他们只是觉得那是他们的责任。希特勒曾经说过,宣传的功用就是要使人能够把平常必须是在暴怒情况下才做得出来的事情,冷静镇定地完成。只要我们真的相信二元价值式的宣传,那种宣传便真会产生这样的结果,因为一个人会深信不疑:"都是那些混蛋在捣蛋",因此,"只有一个办法对付他们，那就是消灭他们"。

苏联的一党制度

德国国家社会党公开承认自己相信暴力、欺骗和高压。毫无疑问，苏联共产党最初所抱有的理想与之有极大相同。共产主义的鼻祖马克思和他影响最大的信徒列宁，显然曾经真诚地献身于被压迫的人们，希望将来能有一天不会再有被压迫者存在（大家一起进入一个"无阶级社会"）。然而，苏联共产党最终建立起来的却是一个一党制国家，它把自己的理论称为"真理"，其他一切异端或者有一部分是异端的理论都是"错误的""罪恶的""资产阶级的""反动的"。日后发生了什么事情，大家心里都很清楚。异议被压制，持异议者被"清算"，思想和言论自由逐步绝迹，不但在政治思想，而且在艺术、文学、哲学和科学思想上，官方都发表了意见，说明什么是官方许可的、什么是官方不许可的。这些事情在苏联真是做得又彻底又无情，就像在希特勒的德国一样。

有了二元价值观点，天然就会需要一个一党制。（既然知道了真理，为什么还要浪费时间听人说错话呢？）为了维持自身，这个一党制非得摧毁异议，装做自己从来没有错过才行。因此，不管最初的理想是高贵还是下流，只要你对是非的看法是"二元价值"性的，最后的结果总是会变得十分相像，使你惊奇不止。

从苏联的官方立场（就像上面引述的纳粹立场）来看，世界上没有为求知识而求知识这件事。科学理论、文学和电影故事、音乐或绘画趋势,都和政治主张一样,不是被赞扬为"前进""民主""科学化""唯物""英勇""社会主义""亲苏",就是被责备为"资产阶级""没落""唯心"("反科学")"帝国主义""反动""资本主义""法西斯"。而且现在又有了一种日见加强的倾向,那就是坚决认为存在一种与"资产阶级科学"相对立的"苏联科学",就像纳粹党徒相信有一种"雅利安"科学与"非雅利安"科学相对立一样。例如,《真理报》因为对优生学家谢勃拉克教授的科学思想感到不满,所以便批评他说:

> 作为一名苏联科学家,谢勃拉克本该把这次关于优生学问题的斗争有什么阶级意义告诉大家。但是他被资产阶级的偏见和对资产阶级科学卑躬屈节的态度所蒙蔽,接受了敌人的思想……谢勃拉克竟然相信这个世界上有"纯粹科学"这么一样东西。
>
> ——约瑟夫·赖西
> 1949年1月3日《新共和杂志》引用

1946年9月,史丹诺夫在《苏联作家的责任》这篇演讲里说,艺术的目的就是歌颂苏联生活方式、毫不怜惜毫无顾忌地揭发资产阶级文化的罪恶。人民大众无法一眼看懂的文艺、图画、音乐作品,都因其属于"形式主义"而受到排斥。所谓"形式主义"的作家,就是一个与宣传党的政策和号召相比更热衷于创造优秀艺术作品的作家。所以,一旦选择"形式主义"就犯了阶级性错误。根据"不顺我者即逆我"的原则,形式主义的艺术家便被称为"逆我",也就是苏联艺术"真精神"的"叛徒"。史丹诺夫的报告发表后,苏联艺术界发生了不少整肃现象:

> 画家们都受到警告,不要追随毕加索、马蒂斯和立体画派这些形式主义者。在莫斯科,许多极好的法国印象派的画作都被收到地下室,不再让大众参观。
>
> 中央委员会颁布了一项法令,检讨音乐里存在的形式主义,命令所有音乐工作者全部改变作风,以便苏联人民容易听懂些……肖斯塔科维奇、普罗科菲耶夫和哈恰图良这些闻名世界的作曲家,都因为他们写了"反民主""与苏联人民和他们的艺术趣味不合""充溢着反映资产阶级文化末路的现代欧美资产阶级音乐气息"的乐曲而受到批评。莫斯科音乐学院院长被免职,哈恰图良则被解除苏联作曲家协会主席一职。
>
> ……
>
> 在向莫斯科的作家们解释史丹诺夫的讲话时,苏联文学批评家艾哥林着重强调了爱国主义。……他们(苏联作家)的责任是要"表现坚强的意志和不折不挠的个性是怎样发展起来的,一般人民如何克服战争带来的困苦和负担,

创造出伟大的事迹来,成为英雄"……命令里说,诗歌必须渗透苏联的乐观精神和崇高的理想。悲哀和失望的情绪,个人对爱情和自己命运的感想,都与苏联思想格格不入。

——约瑟夫·赖西,《新共和杂志》1949年1月10日

由于人为的藩篱,苏联与外面的世界不易互通信息,所以我们很难确切知道这种二元价值思想对苏联人民的生活产生了多么深的影响。不过从下面几则故事里,我们也许可以看到一鳞半爪:

莫斯科(联合社)——苏联的时装专家今日得悉,创造"不依赖西方资本主义国家大街上腐化趣味"的服装式样的时机已经成熟。社交专栏作家童司开克号召时装专家"努力创造简单美观,适合苏联人民日渐增加的文化需要"的衣服式样。

——纽约《先驱论坛报》,1948年12月29日

《苏联艺术》(苏联艺术委员会官方刊物)上星期发表了一篇关于马戏团情况的报告,里面说道:"唯有尽情揭露苏联马戏圈中外来的资产阶级倾向,苏联马戏艺术才能成为新兴的艺术,真正表现我们伟大祖国的力量。"文中批评马戏团经理"想用空洞的形式主义的赝品,代替有思想、有目的、乐观而健康的苏联马戏"。

[第十三章] 二元价值观点与多元价值观点

西方的小丑受攻击最多。那篇文章特别攻击著名的小丑佛拉脱尼亚为"资产阶级（小丑）滑稽胡闹剧的典型反动代表"。一个最近赞赏过他们的俄国批评家也受到严厉批评，因为他没能揭露西方的丑角主义反映了什么思想。

——《时代》，1949 年 3 月 14 日

搬起石头砸自己的脚

二元价值思想在美国一样存在，倘若让它自然地演变下去，最后产生的结果，从人道主义观点来看，一定会非常可怕。但从某种技术观点来看，我们之所以反对这种思想还有一个更重要的理由，那就是以二元价值观点为基础的行动，很少能达到它的目的。第一次世界大战中，有些暴徒攻击不赞成参战的和平主义者或宗教团体，用武力强迫他们与国旗接吻；这种人的举动不但没能劝服那些人参战，反而激起那些少数者团体无比的愤慨，进而损害了国家的凝聚力。许多"顽固的犯人"之所以会变得顽固，往往也是因为二元价值的社会和警察逼得他们不得不如此。总之，**二元价值观点只能产生争斗精神，而无法提升我们准确评价世界的能力。除非我们是以争斗为目的，否则在这种看法的领导下，我们最后得到的结果总是会与原来的目的相反。**

但是，有些演说家和报纸上的社论作家还是非常爱用粗率单纯的二元价值观点，虽然他们口头上说自己这样做完全是为了和平、繁

荣、好政府和其他值得赞美的缘由。这些社评家和演说家之所以要这样做，一种可能是因为他们此外就不知道更好的观点，另一种可能是他们心底很是轻视他们的读者或听众，觉得"犯不着说话太讲究"；第三种可能则是他们说的都是真心话，就像有些医生一听到"医疗社会化"就大加反对一样，他们一想到有些恼恨的问题就禁不住会产生二元价值反应。此外还有一种想来虽不愉快但在许多情形下却都是非常可能的解释：**所有二元价值的喧嚣和夸张的话语，都是一种蒙蔽大众耳目使他们不去注意更加切身问题的方法**。这种情形在现代社会尤其是在国际政治上可谓是举不胜举，读者只要稍加留意随时随地都能看到。

多元价值观点

除了在吵嘴和激烈争论时，一般日常语言中表示出来的观点，可以叫做多元价值观点。我们不但会说"好""坏"，还会说"很坏""不坏""还好""很好"；不但会说"健全""不健全"，还会说"甚为健全""够健全""有些神经病""神经病""差不多疯狂""疯狂"。

倘若我们只有两种价值，比如"守法"和"违法"，那么面对一个法律案件，我们也就只有两种行动方法可以采取：守法者释放，违法者——这里我们姑且假定——处死。在这种安排下，一个看见十字路口亮着红灯却还要硬闯过去的人，当然就和杀人犯一样，都是"违法者"，都要接受同样的处罚。这一点粗看起来好像不近情理,但是我们只要记得中世纪审讯"异端"时,凡是"正统者"一律释放,凡是"异端者"则一律处死,以至于许多同样信奉上帝但是因为对基督教过分热心而在教义上略犯错误的人,竟与那些不信教者和亵渎教会者一起被烧成焦炭这一事实,就可以明白这一情形。然而,当我们发现了各种过失有程度上的不同时,我们就有其他可能的应对方法:稍微违犯交通规则,罚一块钱;游荡,监禁十日;走私,监禁二至五年;重大盗窃案,判刑五至十五年——也就是说,只要我们知道有多少种不同程度的罪过,相应也就可以制定出多少种不同程度的刑罚。

区分越精细,我们能够想到的行动方式就会越多。这也就是说,对于人生中许多复杂的情形,我们也就更有能力作出合适的反应。做医生的并不是只把所有人都分为"健康"和"生病"两类。他能把无数种可以叫做"生病"的情况区分开,并有无数种简单疗法和复杂疗法。但在原始民族中,无论你得的是什么病,巫医总是只会为你唱同一首歌,跳同一支舞。

然而,我们上面已经讲过,从根本上来说,二元价值观点建立在一种单一的欲望之上。可是现今人类有着多种多样的欲望,他们要吃饭、睡觉、交友、出书、卖房、造桥、听歌、维护和平、战胜疾病。这些欲望中有的比较强些,有的比较弱些。因此,人生中便不断会发生把一组欲望与另一组欲望进行衡量进而从中作出选择的问题:"我想要这笔钱,但我觉得我更想要那辆车。""我想开除那些罢工的人,但我觉得服从劳动局更重要。""我不想排队买票,可我又很想看那场演出。"想要衡量文明生活中各种复杂的欲望，我们需要有一张日益精细的价值表和一种远大的眼光，以免因为要满足一个欲望而阻碍了别的乃至更重要的欲望。这种用两个以上的价值观点来观察事物的能力，就叫多元价值观点。

多元价值观点与民主政体

当然，几乎在所有有理性或稍有理性的公开讨论中，我们都能看到多元价值观点。美国许多说话负责的报纸编辑和有声望的杂志作家，差不多全都不用二元价值观点。他们可能会骂共产主义，但是他们同时也想了解共产党为什么会那样行动？他们可能会非难某个强国的行动，但是他们并没有忘记他们应该注意，会不会是美国的行动在某种程度上刺激了该国，使得该国采取某种行动。他们可能会攻击某个政府，但是他们并没有忘记那个政府取得的积极成就。有些作家还会避免使用"魔鬼""纯善""纯恶"这些字眼。他们之所以说话如此小心，究竟是因为想要公正，还是因为没有把握，我们这里无需过问。重要的是由于他们言论谨慎，所以排解争论、调停利害冲突、获得公正估计的机会，也就不至于就此断绝。有些人反对这种"犹疑不决"的态度，坚持要求"干脆说是或不是"。他们属于那种"快刀斩乱麻的人"，结头固然是给他们解开了，可是那根绳子也被他们给废了。

说实在的，**民主过程中的许多特性都以多元价值观点为前提**，

[第十三章] 二元价值观点与多元价值观点

甚至那一最古老的法律手续——请陪审员裁定被告"有罪"或"无罪"——表面看像是具有二元价值性，事实上却不尽然。因为在裁定被告的罪名时，陪审员们得从众多可能中选出一个，而且在陪审员的裁定和法官的宣判中，这一罪名往往会因"其情可恕"而被减轻。现代的行政裁判会和仲裁局没有明确宣判"有罪""无罪"的责任，而以调查和仲裁为主，比陪审制度具有更多的多元价值性，所以在有些事情上取得的效果也要比陪审制度有效得多。

再举一个例子，很少有哪个法案在实行民主议程的议会中通过时会和它们被提出时一模一样。正反双方会争来辩去，讨价还价，互相妥协，经过这样一个步骤，他们所作出的决定就会比原来的提案更容易满足社会上大多数人的需要。**一种民主政体越是发达，它的价值观点越是富于伸缩性，也就越是能够调剂民众间相互冲突的欲望。**

科学上使用的语言更加具有多元价值性。对于气候，我们不单是说冷和热，而且还可以按照一个固定的、大家一致同意的比率来说明度数——华氏 20 度，摄氏 37 度等。对于能力，我们不单是说"强"和"弱"，而且还可以用"马力""电压"来进行测算。对于速度，我们不单是说"快"和"慢"，而且还可以按照每小时多少里、每秒钟多少尺进行计算。所以，我们的答案不止两个甚或多个，只要一用数目字，我们的答案便会有无穷多。因此，我们可以说科学上使用的语言会给人一种无穷多的多元价值观点。科学有无穷多的方法，能使人们按照现有实际情况调整自己的行为，因此它也就能迅速取得伟大的成就。

一元价值观点和修辞学

我们虽然已经说了许多话，推举多元价值观点和无穷多元价值观点，可是我们无论如何都不能忽略，在表达感情时，我们不可能完全避免二元价值观点，因为它有深切的"感情"真理在内。因此，我们在表现强烈的感情，特别是在那些请人同情、怜悯或援助的言辞中，总爱使用二元价值观点："扑灭肺痨病""消灭贫民区，建设××市""反对贪污，拥护改革"，语气越是激昂，所有事物便越加清清楚楚地排列为"好的"和"坏的"两类。

因此，二元价值观点差不多总是以表现情感（即说话和写作中的情感性成分）的姿态出现。想要在没有强烈对比的情况下表现出强有力的感情，或者使冷漠的听众产生兴趣，几乎是一件不可能做到的事情，因此，每一个想要推动一项运动的人，总是会在其文章中的某些地方流露出二元价值观点的痕迹。然而，我们同时也会发觉，在任何一篇文章里，倘若作者想要认真地说明他心目中的真理，其二元价值观点总是有限度的。就像上面解释的那样，作者有时会进一步详细说明，好为什么好，坏为什么坏；有时作者还会另外作出一番解释，指出可以用什么样的多元价值观点去研究这些问题。

总之，我们可以把二元价值观点比喻成一把桨。在原始的航行方法中，它能同时用来启动和转向。**在当今的文明生活中，二元价**

值观点可能仍是一种启动工具，因为它有传达感情的力量，能够引起人们的兴趣；然而，把我们载到目的地的转向工具却是多元价值观点或无穷多元价值观点。

辩论时应该引以为戒的几点

许多场合下，二元价值观点都能使我们的思想出现严重的混乱现象。其中的主要场合之一就是争论。假如有一位辩论者抱着二元价值观点，相信民主党"完全好"共和党"完全坏"，他就会不知不觉地把对方逼到相反的立场上去，硬说民主党"完全坏"共和党"完全好"。如果让我们与这样一个人进行辩论，我们几乎没有办法不采取与他同样偏激的态度。奥利弗·霍姆斯在《早餐桌上的霸王》(*The Autocrat of the Breakfast-Table*, 1858) 中讲到"争论中水流静止的怪现象"，把这一事实描写得十分透彻。

"你不知道那是什么意思吗？——那好，我来告诉你吧！你知道，假如你有一根弯曲的管子，一头只有细铁管那么粗，另一头却大得能容下海洋，那么，这一头的水平一定会与另一头一样高低。争论的情形也是如此，使笨人和聪明人成为平等。——而且笨人很知道这一点。"

凡是可能会产生这种"平等"现象的争辩，当然不过是在浪费时间。这种讨论最可笑的例子就是在许多地方的中学和大学里举行的辩论赛。在这种辩论赛上,"正""反"两方都以夸张自己的主张和藐视对方的主张为主要工作;因此,双方辩论的结果往往对于增进知识并无多大益处。最终哪一方能在辩论中获胜,只能由说话技巧高不高、辩论员态度好不好等无关紧要的各点来决定。我们后面就会看到,无论是在国会还是议会里,真正的讨论并不是在会场上进行的。会场上演讲的主要目的是给坐在家里的投票者,而不是给其他立法者听的。一个政府的主要工作都是在各个没有任何辩论氛围的委员会会议室里做成的。各个委员会中的立法者,没有坚持"正"或"反"的必要,所以可以研究问题,调查事实,在两个可能的极端中间找到能够行得通的结论。**在训练学生成为一个民主国家的公民时,让他们加入一个调查委员会并在里面练习作证,似乎要比让他们按照中世纪学院里的方法以辩论决"胜负",要来得更为合适一些。**

在日常谈话中,多数人都应留意自己是不是也有二元价值观点。在一个竞争性的社会里,会话常常是一个无形的战场,我们经常会(不自觉地)想要设法获得胜利——揭穿别人的错误,暴露他的无知,让他(和其他在场者)看到我们的学识和逻辑是何等优越。在大多数人(尤其是生活在大学和公司里的人)的心里,这种"挣面子"的习惯已经扎下了很深的根。每次文人酒会和知识分子聚会上,到场者最终都免不了会来上一番舌战,就像是余兴的一部分似的。在这种场合里,多数人早就已经习惯了舌战,极少会有人因为对方说话

[第十三章] 二元价值观点与多元价值观点

太凶而生气。虽然如此,他们仍然将许多可以用来交换有益知识和意见的宝贵光阴浪费在了争论上。这些想找机会争论、爱拌嘴的人的心里,总免不了会有一个不知不觉的方便的假定,那就是,一番话若不是"对"的,那就是"不对"的。

要想从谈话(和其他交换意见的方式)中得到最大的好处,有一个重要方法就是有系统地应用多元价值观点。与其假定一句话是"真的"或"假的",我们不如假定它的真理价值是在百分之零到百分之百之间。譬如说,我们同情劳工,有人却告诉我们:"工会是流氓组织。"这时我们立马就会感到有一种冲动,想要直接回答他:"不,它们并不是这样。"这样一来,一场舌战就开始了。这句话的真理价值显然既不是百分之零("没有一个工会是流氓组织"),也不是百分之百("所有工会都是流氓组织")。我们不妨先给它百分之一的真理价值试试看("一百个工会中有一个是流氓组织"),并且请说话的人再多告诉我们一些事情。如果他之所以会说那句话,只是因为他好像记得有人在报上曾经这样讲过,那么他要不了多久就会无话可说,我们也就不用再理睬他了。但要是他真的亲身经历过工会的流氓行为——哪怕只有一次——即使他把他的个人经历夸张成了普遍现象,他所说的也还是一件相当有根据的事情。若是我们很同情地听他谈话,下面几种情况就有可能会发生:

(一)我们可能会学到一些以前从来都不知道的东西;
在不放弃自己对工会的同情态度下,我们至少可以稍微变更一下自己的看法，对工会的缺点和优点都能有一个比较清楚的认识。

（二）他可能会把话说得和缓一点，自己承认道："当然了，我并没有接触过许多工会。"还有，假如他能尽量用具体实例描写自己对工会的经验，他也许会发觉，除了"流氓行为"这个名词，还有别的更适合事实的名词。这样一来，他也许就能逐渐修改他的批评，使其变得比较容易被人接受。

（三）由于请他和我们交换意见的结果是大家成为朋友，能够互相交换意见，所以我们将来再向他发表意见时，他可能就会愿意先听上一听。

（四）双方都有可能从这次谈话中得到收获。

使用这些方法谈话，能使我们的社交来往变成一个"集合知识"的场合。根据"或然率逻辑"（科学思想的重要工具之一），就连"太阳明天会再次升起"这句话也含有百分之一中无限小部分的真理。在我们日常生活的语言中，哪怕是那种建立在粗心的推论和草率概括的看法上的语言，我们也往往可以发现一些真理。能够从别人所说的一大堆无聊话，甚至是显然褊狭无知的话语里找出一星星意思来，就是学习；假如别人肯同样有耐心地从我们的一大堆无聊话里找出意思来，他也可以从我们这里学到一些东西。文明生活的基本条件就是要我们不但肯教人，而且肯学习。不立刻作出反应，而是说"请再

[第十三章] 二元价值观点与多元价值观点

多告诉我些"，然后听别人说过之后再作反应——能够这样去做，就是能将本书中提到的几个重要原则应用到实际生活中去。这些原则是：没有一句话，连我们自己所说的话都包括在内，能把任何一件事物完全说清楚；在我们作出反应之前，应该先把所有的推论（比如我们一听到有人骂工会就认定他是工贼）都考察一番；对于民主讨论和人类合作来说，多元价值观点是必需的。

　　说到底，我们应该保持一种开放的心态，而不是将自己封闭起来。心态封闭之人常会感受到外来威胁，所以凡是说话者或者陈述有一样是他所无法接受的，他就会将这两者都拒斥于外。这种心态采取的是绝对二元价值观点：要么全盘接受说话者，要么全不接受。**心态开放的人则常常感受不到外来威胁，故在欣赏自身信念的同时，也能敞开心怀，接纳其他信念提供的信息。**

观点和逻辑

　　上面所说的关于二元价值观点的评语，不能解释为可以应用到二元价值的逻辑上去。普通逻辑，比如我们在算术里运用的逻辑，具有严格的二元价值性。在算术里，二加二等于四，这是"对"的答案，其他答案都是"错"的。几何上的许多例证，都是采用所谓的"间接证明"。想要证明一个公式，你得先从与它相反的公式入手，假定它是"真"的，一直到你推算出它只能得到完全相反的结论为止。这样你就能有一个"反证"，证明那一相反的公式是"错"的，因此，原来的公式便是"对"的。这也是一个实际应用二元价值逻辑的例子。（请读者朋友注意：作者本人并没有反对算术或几何的意思。）

逻辑是一套使说话时前后一致的规则。当我们"合乎逻辑"时，我们说的话就是前后一致的。它们也许是正确的地图，代表真的"地域"，也许不是；但是，它们究竟是否如此，并不属于逻辑范围。逻辑是讨论语言的语言，并不是讨论事物或事件的语言。两升石弹子加两升牛奶并不会变成四升的混合物，但是这一事实并不影响"二加二等于四"这个公式的"真实性"，因为这句话只不过是说"四"是"二加二的总和"的名字。对于"二加二等于四"这样一个公式，我们可以问一个二元价值问题："它是对的还是错的？"意思就是说，它是不是与我们系统中其他的部分相吻合？要是接受了它，我们能不能说得通，而不至于最后自相矛盾呢？在用作一套建立推论的规则时，二元价值逻辑是从语言的混沌中创造秩序的可能工具之一，对大多数数学家来说自然是不可少的。

在有些推论区域、有些特别的人群中，把语言"整顿"一下，使它能像数学那样清楚而没有含糊之处，确实是一件可能的事情。在这种情形下，大家同意称呼某种动物为"猫"、某种政体为"民主"、某种气体为"氦"，同时对于什么不叫"猫""民主""氦"也可以达成明显的协定。传统的亚里士多德或逻辑中的二元价值规则（"一样东西不是猫就是非猫"），和亚里士多德的"同一律"（"一只猫是一只猫"），只要我们将其视为一种在一个人的字汇里创造和维持秩序的方法，就会很有意义。它们的意思可以转译成："为了互相了解，我们必须决定到底该称虎猫为'猫'还是'非猫'。同意怎样称呼它后，就固定不要再变动了。"

这种协定当然并没有完全解决用什么名字称呼什么东西这一问题，它们也并不能保证照逻辑推测得来的公式便一定可靠。换句话说，定义一点也不能解释什么，它们只能描写（而且经常都是指定）别人的语言习惯（参见本书第十章）。因此，即使我们对什么叫"猫"什么不叫"猫"已经有过极其严格的约定，我们用逻辑方法推测得来的关于猫的看法，在考察实际的虎猫、灰猫或毯毛猫时，仍然可能会被证明是不对的。

    猫是喵喵地叫的动物。
    虎猫、灰猫、毯毛猫都是猫。
    所以虎猫、灰猫、毯毛猫都喵喵地叫。

但是，假如毯毛猫喉咙痛，无法喵喵地叫，那可怎么办？内向的猫（定义上的猫，不论我们的定义是"喵喵地叫的动物"或是别的）并不等于外向的猫（一只4月16日下午两点的毯毛猫）。每只猫都和别的猫不同，与母牛阿花一样，每只猫都是一个变动不停的过程。因此，要想担保用逻辑方法得到的推论一定准确并且单靠逻辑方法得到协定，只有完全不谈真猫而只谈论定义中的猫这一个方法。定义里的猫有一个好处，不管天翻地覆，它们永远都在喵喵地叫（虽然只是在定义里喵喵地叫）。

这一原则在数学上大家都知道得很清楚。数学上的"点"（有地位却不占空间）和圆圈（一个密围起来的图形，图形上任何一点到中心的距离都一样）只在定义上存在。实在的点总得占些空间，实在的圆从来没有全圆过。所以爱因斯坦说："数学定律一涉及现实就不确定，假如确定，便和现实无关。"因此，就算是在像化学这样一门内部字汇经过严格"整顿"的学问里，用逻辑方法求得的公式，仍然一定得与实际观察对照才行。这就是那条关于外向观点的规则——猫1不是猫2——为什么会如此重要的理由之一。无论怎样小心地解释"猫"这个字，无论我们的思想多么合乎逻辑，我们仍然非得考察实际的猫不可。

许多人都盲目地相信逻辑能够减少人类间的不少误解。虽然根据共同的经验我们都知道，常爱夸自己的话语合乎逻辑的人，往往也是我们认识的人中最难相处的人。只有像在数学里或科学这种学问里，大家对于语言所代表的事物都已经有了先决的、严谨的协议，用逻辑得出的结论才会得到大家同意。但在我们的朋友、事业上来往的人和偶然相识的人之间——有的是天主教徒，有的是基督教徒，有的是科学家，有的是神秘主义的感情用事者，有的是运动迷，有的除了赚钱别的什么都不感兴趣——大家只有极其模糊的语言上的协议存在。因此，虽然我们自己往往并不觉得，但是在平常的会话里，我们经常都是一边在和别人谈论，一边也在学习他们用的字词。一般聪明而机敏的人都是这样做的。

因此，大体上来讲，除了在数学和别的已经有或者可以达成清

[第十三章] 二元价值观点与多元价值观点

晰的语言协议的学问里,我们并不会劝人去研究和实习传统的二元价值逻辑[1]。在日常生活中,过于依靠二元价值逻辑,很快就会形成二元价值观点,由此会产生什么后果,我们前面已经谈过了。

---

[1] 有一点有趣的事值得我们注意,那就是,即使在数学里,现在也已经有人强调:二元价值逻辑只是许多可能的逻辑制度之一。保险公司用来决定保险费,书商用来决定盈亏的机会,物理学家用来预定中子行动的"或然逻辑",就可以说是无穷多元的价值逻辑。——原注

[第十四章]
一团糟

　　（黑猩猩约西发言道：）"不管你们人类把事物叫做什么名字，我们黑猩猩还是照样享受生活。但对人来说事情可就不同了……你们这些不关在笼子里的灵长类动物把事物起了名字后就会一生都受它们影响。你们看不清楚事情，因为你们在自己与现实世界之间竖起了一道语言屏障。"

　　　　　　　　　　　——罗斯·海斯伯格（Ross Heisberg）

每一个成人哀伤的号泣，
每一个婴儿惊惶的悲啼，
每一个人声，每一种禁令，
都响着人为桎梏的声音。

　　　　　　　　　　　——威廉·布莱克（William Black）

交换知识、消息、意见的自由

我们生活在美国的人享受的言论和出版自由，绝对不亚于世界上任何其他地方，因此我们常常会忘记书籍、新闻、教育等传播知识的工具，从前曾有过很长一段时间被认为是珍贵得不能随便让平民分享的商品。在当今世界上的许多国家，这种情况依然存在，只是程度略有不同。古今所有专制政权都有一个基本假定：在什么事情能裨益人民这个问题上，统治者知道得最清楚。一般人民只能拥有得到统治者认可的知识。一直到20世纪初，在许多地方都是只有特权阶级才能享受教育。过去"最高等的人士"一听到"普及教育"就感到害怕，就像他们现在惧怕共产党一样。在新闻事业刚刚出现的时候，报纸是偷偷私运的，因为政府不愿让它们存在。从前每出一本书，都必须先得到官方审查认可。**言论和出版自由之所以会与民主政治密切地联系在一起，书报的审查和禁止之所以会与暴君和独裁者不可分离，并不是一件偶然的事情。**

长期抑制一般人民的知识，无论在哪个国家都很少有能完全成功的。为了自己的福利和生存，我们人类总是想尽可能地从别人那里获得知识并尽可能地把我们认为有价值的知识竭力传播给别人。即使在最严厉的专制政治下，有几种"地下"通信方式仍然继续存在。执政者和贵族固然能取得暂时的胜利，可是至少在过去三四年中，除了出于军事和政治原因考虑有过一期一期的新闻书籍检查外，一般人获得知识的机会还是在不断增加。在美国这样的国家里，极少会有人公开质疑普及教育和出版自由这两项原则。在发表演讲之前，我们用不着先把草稿送给公安局检查一遍。除非考虑到军事安全，我们不用得到政府机关许可就可以自行发表新闻和科学论文。电力印刷机，比以前便宜的印书方法，公用的流通图书馆，以及各种繁复的索引和引证制度，可以使读者很快就能找到几乎所有他所想要的知识——靠着这种种工具，我们现在不但可以依赖自己的经验，同时也可以利用别人的经验。

然而，我们不能忘记，**在沟通知识的工业里，技术上的进步既可以帮助也可以损害交换知识的自由。它们对自己到底是有益还是有害，要视控制这种工业的政治和经济势力的性质如何而定**。从文艺复兴以来，印刷术的发明对于欧洲人民的思想解放无疑发挥了很大作用。每次政治运动中，写小册子传播新思想的人都占有重要地位。民主国家里的出版自由传统，就是从前小册子还很通行、"新闻界"还只是许多小印刷厂里编印的小报纸时所建立起来的主要原则。现在还常常有人争辩道，在大城市里开一家报社需要投入巨额资金，因此出版自由就颇受限制，只有非常有钱的人才能享有。事实上也的确有一件事情可以用来作为经济困难会危及出版自由的例子。第二次世界大战刚结束不久，政府便停止了战时白报纸的配给，大部分白报纸都被大报社搜罗而去，上千家小周报和特殊性报纸都因缺乏纸张而陷入停闭状态。再有，收音机虽是一种效率惊人的沟通知识工具，但是我们能够收听到的频率数目非常有限，其中有些电台又被联合起来形成一个全国性的播音网，所以在许多沟通知识的工具中，收音机也就最容易为一党或一个强大的特殊利益团体所集中控制。这一点，那些极权政府都知道。每种交换知识的媒介，如报纸、收音机、电视等，在如何才能做到不偏不倚地接受各种重要舆论上都有各自的问题。**除非我们能够根据抽象的原则去具体地考虑这些问题，许多重要舆论可能永远都不会传入大众的耳朵里。**

语言成为障碍

不过，我们在本书中更为关注的是：在我们心里究竟有什么东西是普遍交换知识的障碍？主张普及教育的理想家坚信，会读会写的人一定会比不识字的人更聪明，更有理性，更能自治。但是我们现在已经开始看到，单会识字是不够的。美国每家药店进门的纸架上都摆放着一堆专供教育程度不高的人看的读物，在多数小城镇，除了药店，没有别的地方可以购置读物。而且，普及教育的结果免不了会使我们所用的字词变得抽象一些，因此，识字人的愚妄也会比不识字人的愚妄更复杂，更难应对。上面已经说过，**交换知识变得日益迅捷便利，反而使得愚妄的行为也传播得更快。**所以，普遍识字已经带来了新的特殊的问题。

言辞这一工具的力量是如此强大，以至于我们往往只是迷信地畏惧它们，而无法理解它们。即使对言辞没有畏惧心理的人，也免不了会有过分看重它们的倾向。比如在演讲会上，听众里有人向演讲者提出一个问题，演讲者并不直接答复，反倒讲了很久别的似是而非的话，有时候提问的人和演讲的人都会忘了那个问题并没有得到解答，反倒十分满意地坐了下去。这就表明，有些人只要听见一番相当动听的好话，就会觉得有道理，因此便欣然接受，有时甚至牢记在心，再也不去追问它是否已经回答了一个疑问，或者解决了一个问题。

许多狡猾的演讲家和现实主义的传教士，无疑早就已经发现了"倘若有人问你一个无法回答的问题，你只要说上一番动听的好话就可以混过去"这个秘密。譬如说，对于一般宦海浮沉人事更替的现象，普通人常常只以"玩政治"一语了之，不再深究，似乎只要是"政治"，就不用问是非曲直。这就是由于我们太过重视言辞，反而使得语言变成我们与现实之间的藩篱，而不再是了解现实的指导的缘故。

内向观点

前面几章我们分析了几种错误的评价法，这几种方法可以用一个名词来概括：内向观点（intensional orientation）——也就是说，只根据言辞而不是根据言辞所代表的事实去采取行动。我们都有一种倾向，认为每逢教授、作家、政客或其他身居显位之人开口说话时，他们所讲的话一定都是有意义的。因为言辞不但有说明性含义，还有情感性含义，能够唤起我们的情感。当我们自己开口时，我们就更可能会有那样的幻想。温德尔·约翰逊说得好："每个人都是他自己最全神贯注、深为感动的听众。"这种把有意思的话与没有意思的话混淆起来的结果便是,只见"地图"一张张地堆积起来,至于实在的"地域"到底是什么样子反倒无人过问。在日常生活中,我们尽可以把一套套无意义的声音成套地堆积起来,整天自鸣得意,却不知道这些言辞实在是与现实毫无关系。

内向观点是一个很抽象、概括的名词,包含许多前面已经指出的比较具体的错误:不注意前后文(语境);自动反应倾向,把不同的抽象阶层混为一谈;只注意相同的地方,不注意不同的地方;满足于用定义(即更多的字词)来解释言辞。由于内向观点的作用,"资本家""布尔什维克""农民""工人"就是我们所说的那样的人;美国"是"一个民主国家,因为大家都那样讲;"不信神的人一定品行不好",因为不怕上帝的人"不可能会有好行为"。

言多必败

这里我们举"上教堂的人"(甲、乙、丙、丁……各个相当有规律地做礼拜的分子)这个名词来作为例子。这个名词本身一点也没有提及"上教堂的人"的性格。他对孩子们慈爱不慈爱?他的家庭生活快乐不快乐?他做生意时诚实不诚实?这个名词可以用到许多人身上:有的好,有的坏,有的穷,有的富……然而,这个名词的内向意义(或含义)则又是一回事。"上教堂的人"含有"好的基督徒"的意思。"好的基督徒"含有对妻子和家庭忠实,对孩子们慈爱,做生意诚实，生活有节制，以及其他许多值得赞美的性格。根据二元价值观点，这些意思又包括了凡是不上教堂的人可能就没有这些好性格的意思。

因此，假如我们有严重的内向观点的话，我们就能从"上教堂的人"这个名词的说明性和情感性含义中，创造出整套的言辞和概念来描写上教堂的好人和不上教堂的坏人。也就是说，一个名词到手之后，我们就可以从一种含义进入另一种含义，永无止境地发展下去。这张地图便和地域出现了脱节，我们虽然已经把该区域内真正有的山脉和河流都画了出来，却还能另外再填入山脉和河流。这一现象一旦开始，我们就能根据"上教堂的人"这个名词作出洋洋洒洒的论文、证道、书籍……甚至哲学系统，对于真的个人之甲、乙、丙、丁……反倒一点不管。

与其相似，每到国庆日，在任何一个国家里，任何一个演讲本国文化传统的人都能一谈就是好几个小时，把本国文化捧得高高在上，把别国文化骂得一钱不值，以博听众喝彩。当他们高谈阔论的时候，自由的联想（从一个字词谈到另一个字词，从另一个字词再谈到别的字词……）可以不断地延续下去，无法遏止。这就是为什么世界上会有那么多我们称为"大炮"的人。这就是为什么许多演说家、报纸专栏作者、毕业典礼致词者、政客和学校里的雄辩家，一接到通知便能对着任何题目讲上半天。老实说，**许多学校里的"语文"和"演讲"课都只是教人这种本领——即使没有什么内容，也要说得头头是道**。

[第十四章] 一团糟

这种由内向观点产生的"思想",可以叫做"转圈子式"思想,因为所有可能的结论都包括在一开始时所用的那个字词的含义里,我们无论多么"苦"思,想得多么久,结果仍要回到出发点上。事实上,我们几乎就可以说是从来没有离开过出发点,所以一下子面对现实,我们自然就会变得非常缄默,要不就得另起炉灶重新做起。这就是为什么在有几种会议和谈话中说出事实会是那么一件"不客气"的事情,因为那会使大家都自觉没趣。

现在我们再回到"上教堂的人"那个例子上去。比如有一位张福恩先生(名字纯属虚构,请勿对号入座)有上教堂的习惯,因此得了"上教堂的人"这个名称。可是将他的私生活检查一番之后,你也许会发现他对社会事业毫不热心,对子女残暴无仁,对太太不忠实,还吞没别人委托给他的款项。假如我们习惯于根据"上教堂的人"的内向意义去看张福恩先生,这些事实就会把我们吓一大跳。"一个人怎么能既上教堂同时又如此不诚实?"有些人简直无法解决这个问题。他们因为不能将内向的"上教堂的人"与外向的现实分开,所以必须在下面三个荒谬的结论中接受一个:

(1)"这是一个例外"——言下之意就是:"我对上教堂的人的意见并没有改变,无论你找得出多少个例外,上教堂的人永远都是好人!"

(2)"他并没有这样坏!这是不可能的!"——那就是为了避免作答而否认事实。

（3）"我的理想都破灭了，什么都相信不得了！我对人性的信心全都丧失了。"

内向观点最严重的结果之一可能就是，它会造成一种毫无根据的、非常容易"幻灭"的自信心。对于某种题目，每个人都免不了会有内向观点。1930年代，为了解决许多人的失业问题，美国联邦政府设立了"公共事业振兴署"，专门雇用失业工人，想出公共工程来给他们做。反对政府的人轻视这些工程，称它们为"硬造出来的工作"，而不是"真正的工作"——也就是指当时的私营工业找不出来给失业工人做的工作。这些反对政府的人虔诚地相信："公共事业振兴署的工人从来也不肯真正做工"。许多抱有这种信仰的人，与其他迷信自己偏见的人一样，非常富有陶醉于自己言论中的能力，他们可以每天走过一群公共事业振兴署工人，看着他们流汗修路造桥，却仍然公开宣称说"我从来没有看到过一个公共事业振兴署的工人真正做工的"。他们不但这样说，心里也确是这样相信。许多人对待"女人开汽车"的态度，也是这种自己戳瞎自己眼睛的例子。我们许多人每天都会看到一些女子驾驶汽车，技术十分娴熟。但是我们依然会诚心诚意地说："我从来没有看见过一个真正会开车的女人。"根据定义，女子们"胆小""神经过敏""容易受吓坏"，因此她们"不能开车"。假如我们认识的女人中有的已经会开车好多年而且一直都开得很好，我们便会一口咬定说"她们那是运气好！"或者是"她们开起车来不像女人"。

在上述这些对待"上教堂的人""公共事业振兴署的工人""开车的女子"的态度中，有一个重要事实需要引起我们注意：倘若我们没有先入之见，就绝对不会犯这种错误，也绝对不会如此盲目。这种态度绝对不是无知的结果，真的无知也就没有态度，它们是假知识的结果。**这种假知识把我们天生就有的一点良知都给剥夺净尽。我们前面已经说过，这些假知识中，有一部分是由于我们混淆了抽象阶层，和有了前面几章里所描写的其他各种错误的评估方法而为自己制造出来的；但是，另有一大部分却完全是由我们大家都有讲话太多的习惯而造成的。**

事实上，许多人确实是永远都在一个"恶性循环"里生活：由于有内向观点，他们便发言太多；发言太多的结果，又加强了他们的内向观点；他们说话随便得很，就像许多音乐匣子一样，一个钱币放进去，立刻就会大响个不停。有了这种习惯之后，我们就可能会把自己说得糊里糊涂进而产生不健全的态度。不但对待"女子开车""上海人""资本家""银行家""工会"如此，就是对待与我们个人有关的问题，如"母亲""亲戚""金钱""人望""成功""失败"，尤其是"恋爱"和"性"，也会如此。

内向观点的外在来源

除了我们自己的习惯，外来的语言影响也能增加我们的内向观点。这里我们只讨论这些影响中的四个：教育、流行小说、广告和电视。

（一）教育。教育真正的任务有两个：首先，它应该教给我们许多关于我们周围世界的知识——也就是说，把语言当作说明用。然而，教育另外还有一个更重要的任务：教导理想，"培养个性"——也就是说，把语言当作指示用，使学生能够遵守他们社会里的习惯和传统。为了起到指示作用，学校应该教给学生们民主政治的原理，即民主政治应该如何实行。但是常常有些学校不能适当地尽到它们的说明任务，也就是说，它们有时没能告诉学生民主政治到底是怎么一回事：选举某些官员时有没有某种势力在操纵；人民的意志为何有时会屈居于商业、劳工或农民的利益之下；有些法案的命运并不取决于其自身价值，而是由议会中"互相标榜"的过程（你投我的法案一票，我就投你的法案一票）来决定的。就像性问题一样，这些主题往往也被认为不应该在易受影响的"青年人"面前进行讨论。

还有，美国学校里只教给学生应该怎样说"好英文"，难得有人肯费事描写一下真正的英文到底是什么样。至少在许多老派的学校里，文法已经变成完全命令式的东西，与真正写的和说的英文毫无关系。事实上，许多先生由于长期受到什么永远（不论在什么情形下）是对的、什么永远（不论在什么情形下）是不对的那些二元价值规则的管制，又太专心致力于使学生服从不合实际的文法条例，所以早就忘记了语言真实的目的。就是这种老师，才会使学生们得出下面这一印象：说话时唯一重要的事情就是文法错不错。这一立场显然是不合情理的，所以学生们不理睬这种老师的话也就算不上是什么稀奇事。

在有几门科目里，其大部分教育都是指示性的而不是说明性的。在法律学校的课程里，我们应该如何执行法律的课程远多于我们实际上怎样执行法律的课程。法官肚子里的胃瘤、家里的纠纷和他的私人经济观点会对他的判断产生什么影响，在绝大多数法律学校里都被认为是不适合讨论的题目。**每个国家的历史老师常常都会故意不提或搪塞本国历史上那些丢脸的事实。他们之所以要抑制或搪塞，就是因为他们担心虽然这些事实确也是事实，但以它们的指示效能而论，却可能会对"易受影响的青年人"起到不好的作用。**

不幸的是，一般师生都没有养成把说明性语言与指示性语言区分开的习惯。教师们上课时说："我国是世界上最伟大的国家。""水的成分是氢气和氧气。"他们要求学生把这些当成"真话"，却没有叫学生分辨这"真"字的两种不同意思。后来学生们发现了老师所说的话有些和他们的经验符合，而有些若是当作说明性言辞分析起来不是有问题的就是错误的。这就是许多学生，尤其是中学生为什么会有一种不安的感觉，觉得教师是在"用绳子牵着他们走"的原因。许多人还未成年便离开了学校，一离开学校他们便发觉自己对老师的猜疑是对的，因为他们把学到的指示性言辞当成了说明性的科学化言辞，自然就会觉得教师"教得不好"。这种经验可能也是有些人为什么会看不起"书呆子想法"的根本理由。在这一点上，老师和学生都有不是。

但是，留在学校里的学生的情形也并不一定就能好到哪儿去。由于把指示性话语和说明性话语不分青红皂白地混在一起的结果，他们一进入大学，学到了比他们以前所熟悉的更切合现实的教育，便会感到惊愕、失望。另外有些人在大学四年中仍然分不清指示性言辞和说明性言辞。如果他们在大学里所受的教育也是不切合实际的话，他们原来那种朦朦胧胧的趋向便会因为得到新的滋长而变得更加严重。在这种情形下，他们在学校里读书时间越长，便越不能适应现实。指示性言辞的主要成分是"未来地域"地图。**假如根本就没有一座桥，我们绝对不可能单凭着想象中的桥过河而不落到水里。**同理，那些专以"善必胜恶""我国政体保证人人机会平等"等话为行动准则的学生，不可能不在实际生活中受到可怕的打击。**这就是为什么在离开大学后的最初十年中，一般人特别容易感到痛苦、失望和恼恨的原因之一。**事实上，有些人因为受到的刺激太深，以至于终生都无法恢复正常。

教育当然必须既是说明性的也是指示性的。**我们当然不能只是单纯地向学生传授知识，而不给他们一些"抱负""理想""目标"，让他们学到知识后知道怎样应用。但是，反之亦然，我们也不能只是单纯地教给他们一些理想抱负，而不教给他们实际行动的知识。没有这种知识，他们甚至没有办法去开始追求自己的理想。**学生们说得好，假如只有知识，就会"枯燥不堪"。然而，一遍遍地重复指示叫学生们把这些话记住的结果则只能产生内向观点，使学生们不知道怎样适应实际生活，日后一出校门便容易感到幻灭，变成专爱发牢骚骂人的人。

（二）流行小说。假如读者以后再接到一张印好的纸张，告诉他"如何安装"一个车载广播、雾灯或类似器械的话，他应该注意到，在阅读这样一份使用说明书时需要如何专心一致，如何不断地与外向事实进行对照："这两根电线，可以根据颜色不同分辨出来。"我们可以检查一下这句话是否属实。"把红色的正线"——我们找到了那根线——"装到标着Ａ字的那一端……"

然后，他就应该将这种阅读工作与阅读"通俗杂志"上的流行小说进行一番比较。后者简直不需要集中什么注意力就能做到。阅读流行小说里的故事时，我们可以把电视声音开得非常响，嘴里嚼着朱古力糖，用脚逗引小猫，甚至可以和别人断断续续地谈话，而仍然不会过于分心。这就表明，阅读流行小说时既不需要与现实作任何对照，也不需要仔细观察周围现实，皱着眉头思考适当的事实。这种故事所走的路线正是早已建立起来的内向观点路线，既舒服，又容易。我们上面已经说过，预定的论断总是会带来预定的故事；所以，这些小说里的情节也就总是那种预定的典型情节。丈夫偶然冶游，迷上一个美丽而无情的交际花，但是后来终于迷途知返又回到了妻子的怀抱里，"忠实"的太太获得最后胜利。他们的小男孩是一个"专爱调皮捣乱却又好玩得不得了的小宝贝"；实业巨子神态庄重面色严峻，眼睛里却闪动着几分和善的光芒。这种故事有时也有编得很聪明的，可是除非万不得已，它们绝对不会扰乱任何人的内向观点。

大规模生产出来的小说、政治论文、书籍、广播剧和电视剧，之所以要维持内向观点，有两个重要原因。第一，因为阅读和观看它们完全不需要读者费心劳神。毕竟，一般读者阅读和观看它们的目的不外是想要解解闷。做家庭主妇的刚把小孩哄睡，做商人的刚在"办公室里忙了一整天"，他们早已浑身疲惫不堪，懒得再去过问陌生或使人不安的事实，所以他们只想看那些助长幻想的流行小说。[1]

另外一个理由是，这种故事比较容易生产。为了满足市场需要，一个作者每星期得写好几万字。我们上面已经说过，一个从内向观点出发的演说家能够滔滔不绝地讲上好几个小时。与其相似，一个从内向观点出发以写小说为生的作家，也能够一页一页连续不断地写下去。既无需解释新事实，又无需注意各种不同的情形，他们最后生产出来的作品当然也就会像餐巾纸一样，只能是用过一次就扔掉。所以从来没有人会把流行小说念上两遍的。

（三）广告。对于造成内向观点，现在铺天盖地早已泛滥成灾的广告的罪恶应该算是最大的。广告是象征符号的创造者和消费者，包括爱国主义象征符号和宗教象征符号在内。广告的根本目的是把产品、价格、新发明和特别大减价等事项告知社会，这原本也没有什么可以非议的地方。这种告知所传给我们的知识正是我们所需要的，

---

[1] 耽溺于这种麻醉的、逃避现实的文学中的人，假如偶然不慎，看到一本相当切合实际，对贫穷、疾病或不幸描写得相当正确的小说，往往觉得非常生气。他们会问道："人生中不乐意的事不是已经够多的了吗？为什么还要把它拖到文学里面来？"有些读者也许会问：既然很少有人把这种故事当真，又为什么要理会它们呢？原因是，我们虽然也许并不把这些故事当真，我们脑子里的内向观点却早已因为废话太多而形成了，所以一读这些小说，便会变得更深，虽然我们读的时候自己并不觉得。内向观点过多，会使我们看不清四周的现实，这一点我们千万不能忘了。——原注

而且也是我们很愿意接受的。但是，很久以来，广告早已不再只是给人提供必需的知识，特别是在大规模的广告运动中，其主要目的已经变成尽量在读者心里造成自动反应。也就是说，大广告商最希望我们能有以下举动：一跑进饮料室，就自动地要美年达；一觉得不舒服，就自动地要康泰克；一想抽烟，就自动地要阿诗玛。造成这种自动反应的方法，当然是给牌子的名字添加上健康、财富、社会地位、家庭乐趣、浪漫情调、人望、时髦和美观等人人喜爱的情感性含义，进而使我们心里对牌子的名词产生内向观点。

　　假如你要情场得意，就请试试这种文雅的方法……这是一种美得魅人的方法，足以使人迷醉其中！……你一定会一眼就喜欢上"佛罗那"牌香皂的高贵气息……这是一种男人们难以抵挡的香味。用这种使人皮肤光洁的肥皂沫擦遍你的全身……当"佛罗那"牌香皂的优雅香味与你的感觉接吻时，激动得发抖吧！变成光艳夺目的美人吧！

广告商惯用的更进一步促进内向心理的方法，就是在文字上故弄玄虚。有的广告利用联想：

猛虎一吼万山动
"虎牌头痛粉"，一用就止痛
包你浑身清爽人神勇

有的从比较平凡的字眼，转到非常能吸引人的字眼：

节省开支就等于增加收入
用强力水火炉，可以节省金钱、时间、地方。
即踏上一条财路
一条财路

有的利用含糊的字眼：

止咳立竿见影
英国雅农氏治咳水　　主治
各种咳嗽，感冒伤风，支气管炎，肺喉疼痛
镇静宁神　　均奏奇效

这种使用文字"魅人"的广告术，一旦成功地在我们心中产生了内向观点，我们就会认为用"佛罗那"香皂洗脸，的确是一种快乐非凡的体验；用某种牙膏刷牙，的确可以讨老板喜欢，得女友欢心；吃了一些毫无用处的药，却自我感觉是服下了万应秘方；吸了某种牌子的香烟，便真觉得自己一登龙门，身价十倍。也就是说，我们每买一瓶头油，就会带回来好些梦想，每饮一瓶啤酒，便会错以为自己是贵族要人。

总之，广告术已经成为一门用言辞征服我们的艺术。许多广告

[第十四章] 一团糟

商宁愿雇主们一听到牌子的名字就被好的自动反应所左右,而不愿给他们考虑这些产品究竟有什么特征的机会。在美国曾有人出过一本小册子,名叫"你的面包和牛油:一位推销员关于牌子名称的手册"。其中有段话说,自动反应可以节省"购货的太太们和工作过度的店员们很多时间。假如她们指定买一个牌子,他就用不着再向她推销,只要把货品包好就成了。"换句话说,推销员对于货物的内容可以和消费者同样一无所知。

事实上,最近几年,替货品的牌子名称宣传的方法已经上升到了一个更高的抽象阶层。除了宣传固定的牌子,现在还有为广告术做广告的情形。这种为广告术做广告的现象已经变得日趋普遍,其目的就是想在我们心里产生一种假定:只要一个牌子的名字听来熟悉,它所代表的产品一定是好的。在各种有系统的、谬误的社会教育中,很难想象出有比这更严重的例子,因为它已把内向观点提升为消费者生活中最主要的原则。

对于广告本身,作者并无反对之意。广告可能是形成一般人日常生活习惯和文化的最大的语言力量之一。它对一般人的外貌、态度、经济生活、健康、艺术见解,乃至道德行为都有深刻影响。而且,广告的根本功效对商业来说是不可缺少的。作者也并不反对宣传品牌名称。就像广告商所说的那样,著名品牌是多年认真服务和制造、小心翼翼地维持高水准的结果。一种最好的牌子代表一种极大的可能性——也就是说,它表示某一货品有极大的可能性可以令消费者满意。一般品牌名称与一般其他的名字一样,都是代表各种不同的可能性——也就是说，它们表示名字的含义不一定与事物的本质相符合。因此，注意到出品要"配得上名字"的厂家，做了一件极有价值的社会工作，因为他们在我们经验的一个小角落内帮助创造了一种真理价值程度极高的语言："穿××牌衬衫，包你称心如意"。

我们不赞成广告的一点，是它促进了读者对言辞和别的符号的病态反应。由于广告具有普遍影响：它不但影响到我们选用什么产品，还影响到我们评价的标准；它既能使人们对言辞的反应变得更健全些，也能使其变得更不健全些；因此，倘若我们专门利用言辞的情感性含义去吸引顾客，以便推销货品，即使我们想要推销的货品确实质优价廉，也会使社会上流行的本就非常严重的内向观点变得更加严重。患有狂妄症的人往往会觉得言辞、狂思、幻想和"私人的世界"要比周围现实世界更为真实。在不走歪路、不促进各种狂妄的评价方法的同时完成商业上必需的任务，想必也是可以做得到的，不知广告业诸公以为何如。

在评价的过程中，情愿以言辞为根据而不情愿以事实为根据是一个严重的病症；假如我们的投票者中有不少人得了这种毛病，它对我们大家的威胁至少会像天花肆虐时一样严重。

（四）电视。我们生活在当今社会，不仅被言辞的洪流所包围，还被图像的洪流所淹没。只要一打开电视，就会有让人眼花缭乱的图像朝我们扑面而来，就会有没完没了的言辞钻入我们耳中。过去电视频道较少，现在大城市的电视频道已有上百个，而且可以24小时不间断地播出。电视将视觉与文字信息组合到一起，借助其即时性和情感力量,已经成为我们生活中的一部分。许多人每天都会看上几个小时电视。可以说,一起看电视成了一种共同经验,尤其是遇到重大事件发生时。电视成了大多数人了解新闻信息的主要来源,报纸、杂志和广播只起辅助作用。电视节目类型之间过去的区分很清楚,现在则变得很模糊,为了吸引眼球提高收视率,新闻节目、娱乐节目和广告节目变得非常相像。许多新闻像娱乐,许多娱乐像广告,许多广告像新闻。

电视告诉我们的是一个什么样的世界呢?除了明确告诉我们一些关于展览、购物、旅游、天气等的信息,电视用什么建构了我们认识世界的方式?俗话说:眼见为实,很多人都认为书上的信息一定是真实的,电视上的信息同样是真实的,因为我们都看得清清楚楚。实际上,电视最强大的力量来源于它能使我们认为自己体验过它所描述的事物,至少我们会认为自己确实亲眼看到过。

与电影、戏剧一样,电视节目也要求我们把对它们的怀疑放到一边("古人怎么可能说现代话!""这才不是皇帝的行宫,不过是某个影视城的摄影棚!"),认同它们塑造的一切。虽然我们大都心知肚明,虚构的电视与真实的纪录片有很大不同,但在真正相信我们"亲眼所见"之前,我们还是应该验证一下电视上的陈述是否传达了现实真相。

制作电视图像时同样离不开抽象化。摄像机将光波转换成电子脉冲后进行传播复制,将复杂的社会现实反射的光线缩减为一组电子码。最重要的是,在选取画面时,是由摄影师来选择记录哪一部分，而且拍好后还要经过剪辑。比如，一位社会学家在一个小时的访谈中阐述了自己的观点，但等到真正播出时却被简化成了几十秒的片段。一场三十分钟的演讲，播出时被缩减成不到十秒钟的新闻摘要。虽然纸面媒体中也存在这种删减，但是电视新闻提供的细节和背景材料往往比纸面媒体更少。

与纸面媒体相比，电视新闻缺少深度，但其优点则是简明性和即时性。电视可以将血腥的战争、残忍的暴乱、凄惨的饥荒、恐怖的谋杀等都带到我们身边，给我们造成强大的情感冲击。一些禁播画面解禁后给人造成的冲击感会更强。借助这一情感冲击力、选择性的内容加工、在限定时间内提供语境，电视创造出了一种由天下奇闻和暴力事件主宰的世界观。人们经常在电视上争辩"电视新闻是否助长了暴力事件的发生和恐怖主义活动"，但却很少采取实际行动去减少恐怖分子操纵媒体。电视报道与纸面媒体还有一个很大不同：纸面媒体上的内容白纸黑字摆在那里比较容易验证，电视报道一般人都是看过就忘，很难一一记下再去验证。

图像是电视的长处，但是过分依赖图像却也成为它的弱点。电视新闻优先选择有视觉冲击力的象征化事物，这样一来也就更难描绘事物。播出租房者被迫搬家的画面可以突出住房短缺问题，但却很难播出租金上涨或就业率下降的画面。播出汽车排队加油的画面很容易，但要播出减轻依赖石油进口战略的画面就比较难了。电视的视觉效果比较关注细节，很难升上抽象阶梯更具普遍性的更高层级。关于犯罪和暴力事件，电视新闻往往关注犯罪现场吓人的场景和邻居的反应。至于警察是怎样抓住犯人的、社会经济状况如何引发犯罪、监狱惩罚是否有效、政府官员采取了什么应对举措，则极少会提及。

某种意义上，销售商品可谓是电视最强大的力量。电视上始终不断地在向我们展示"幸福生活"，以及过上这种生活所不可少的商品，如高级轿车、高档家具、别墅豪宅、时髦衣服、高级厨房等。电视广告中隐含着一个假设：人人都应该拥有香车美人、锦衣玉食、上佳服务，由此也引发了一些当初未曾预见的后果。1962年在南卡州一个小镇上的一家饭店，四名黑人高中学生点餐被拒，他们便在那里"静坐抗议"。这一新闻传开后，南方各地的其他黑人也开始静坐抗议，由此拉开了1960年代黑人公民权利运动的大幕。这些年轻人为何能够作出他们父辈都做不到的事情呢？我认为其中一个原因就是这些孩子是第一代从小看着电视长大的孩子，这就是世代之间的差异。

这也就是说，电视也是一种社会变革工具。电视上说了什么？它一遍又一遍地说：这里有很多美好的东西，快来享用吧！它从不说"你是穷人就滚开""你要没钱快滚开"，它认定你有钱，认定每个人都可以享用那些美好的东西。于是中学生就单纯地接受了电视的邀请。电视的这一变革力量现在已经扩展到了全世界发展中国家，那些发展中国家的人们突然看到与自己截然不同的生活方式，电视图像使他们与整个世界的联系更加紧密，由此会产生什么后果，还有待观察。

媒介理论家麦克卢汉（Marshall McLuhan）从观察恋爱喜剧和爱情剧中发现，电视的主要价值在于自我满足；然而在现实生活中，只有顾及他人感受的人才会被他人接受。电视只顾鼓吹个人通过浪漫的爱情和物质消费来满足自我，极少提倡节俭或辛苦工作。不过前面我们已经说过，很难拍摄"工作"。电视剧或喜剧里的工作场所只是布景之一。

电视剧总是围绕着二元价值观点打转。过去美国西部片里的坏人都戴着黑帽子，观众看腻了觉得这未免也太不可信了，就改成好人也戴着黑帽子，不过最后都是跑去和女人厮混。不管怎样，电视上永远都有反派，过去的反派一看就讨人厌，现在这一情形已经有所改变，其中一些反面角色竟然颇有几分魅力。电视剧编剧和电影制片人似乎都认为我们需要用简单的二元价值方式来解决现代生活中的问题。很少有哪部电视剧会讲述两个"好"势力或是两个"坏"势力之间的争斗，也极少会有哪部戏里会有我们无法分辨其"好坏"的角色。

当然，电视只是一种工具，若是善加利用也能发挥出其有益的一面，比如利用电视授课，讲解科学知识，进行公益宣传，普及传统文化，让遥远的历史绽放光芒，但也不可否认，在商业利益的驱使下，这些现象都只是例外。

[第十五章]
老鼠和人

> 因此，觉悟到作为我们生命根基的知识或信仰脆弱得有多么可怜，我们并不绝望，而是变得清醒勇敢。不过，这种觉悟同时也指出了科学方法与自由文明有密切关系。一般人都以为科学只是一套由一种名叫"科学家"的教士传授的新教条，这种看法是不对的。科学是一种方法，它的基础是一种对所有似是而非、显明肤浅的命题抱持的怀疑态度。它并不想否定这些命题，它只想知道有什么证据能够证明这些命题是对的、其他可能的命题是错的。这种虚心考究一切可能的命题，在没有断定哪一个理由较为充分之前先用同样的逻辑方法把每个命题都处理一番的精神，就是艺术上、道德上和政治上的自由主义精粹。……就像科学一样，自由主义同样是用怀疑精神来观察我们所有信仰原则或基本假设的内容，持续不断地考验它们，使它们逐渐能够更加稳固地建立在经验和理智的基础之上。
>
> ——莫里斯·柯恩（Morris Cohen）

"无法解决"的问题

密歇根大学心理学教授诺曼·马耶尔（Norman Maier）曾经做过一套将"神经病"传到老鼠身上的试验。他先训练老鼠，教它们从一个小台上向前面的两扇门跳。倘若一只老鼠向右边跳，那扇门闭住不肯开，它便会撞着鼻子，跌到一个网里。倘若它向左边跳，门开了，它就会得到一碟食物。等到老鼠们熟悉了这套反应后，他就改将食物放在右边门后，这样一来老鼠们再想得到食物，就非得向右边跳不可。倘若有老鼠无法明白这一新制度，每次跳下去时不知道自己是会得到食物还是会撞着鼻子，它最后就会放弃，怎么也不肯再往下跳。在这个阶段中，马耶尔博士说："许多老鼠宁愿饿死，也不肯换一个方向。"

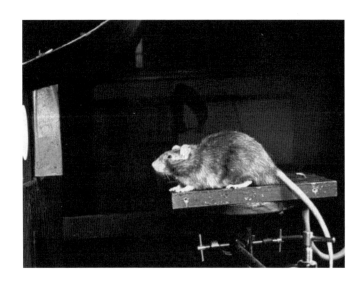

接下来就是用一阵阵的风或电力逼迫那些老鼠非作出决定不可。"那些在'无法解决问题'的情形里被逼得非做反应不可的动物,"马耶尔博士说,"便产生了一种固定反应的习惯(比如专门向左边的门跳),不顾环境,一味如此……在这种情况下,它们所选择的反应便凝固起来。……凝固现象发生后,那一动物也就失去了在这种情况下学习适应环境的反应能力。"当一个向左边门跳的反应凝固后,即便右边的门是开着、里面的食物也看得清清楚楚,那只老鼠在受到压力时还是会继续向左边跳,而且一次比一次惊惶。倘若做实验的人还是硬要老鼠做决定的话,那只老鼠就会浑身痉挛,四边乱跑,伤了脚爪,撞在椅子和桌子上,然后剧烈地发抖,直到昏过去为止。在这种消极状态下,它会拒绝吃东西,拒绝对任何东西感兴趣,我们可以把它卷成一个球,或者把它腿上系条绳倒挂起来——它已经什么都不在乎了,因为它已经得了"神经衰弱症"。

上面所说的老鼠之所以会得上神经衰弱症,是因为它的问题"无法解决"。马耶尔博士很小心地暗示道:**许多人之所以会得神经衰弱症,也是因为他们的问题"无法解决"。**人所经过的阶段与老鼠经过的阶段并没有太大差别。第一步,面对一个特殊问题,他们都已学会老是选择一个固定的步骤的习惯。第二步,发现情形已经改变,原来的决定不能产生预期效果时,他们便会感到非常震惊。第三步,不论是由于震惊、焦虑还是失望,他们会凝固在原来的决定上,不顾结果,继续选择那条路。第四步,他们开始发怒,不肯再作出任何行动。第五步,当外界压力迫使他们非得选择一条路不可时,他们会再次作出原来熟悉的决断，从而再碰一下鼻子。最后，即使目标已在眼前清晰可见，只需另选一个方向就能达到，他们却反过来因为过度失望而发了疯。他们四处乱跑，躲在角落里烦恼，不肯吃东西，痛恨一切，咒骂别人，心灰意懒，对自己的境遇再不过问。

这是不是一幅夸张的图画呢？就目前情势来看，这番描写似乎并没有什么过分之处。**从家庭里发生的小悲剧到国际上上演的震撼世界的大悲剧，这种方式一直都在人生中不断地出现**。丈夫身上有些缺点，妻子就骂他，他的缺点变得更加严重，她就更加使劲地骂他；面对丈夫身上的缺点，她就像老鼠一样，被一种固定反应所操控，所以只能用一种方法去应对。她继续这样做得愈久，结果就会变得愈坏，直到他们两个人的神经都吃不消。最终婚姻失败，他们的一世也就此完结。

再如，一位企业家认为应该提高自己厂子里工人们的平均生产额。他可能会在事前没有与工会职员及公司财务妥善协商的情况下就硬下命令让工人们增加生产。当工人们用反对及提出意见的方式——这些反对的理由中有几条当然是出自真心，也有几种却只是因为他们不肯受人胁迫——表示他们的反应时，他也许会根据他平时对待一般工会的内向观点决定"强硬起来"，让他们看看"谁是老板"。这些工人根据他们平时对待一般老板的内向观点，可能也会认定老板想要"破坏他们的工会"，所以就采取同样强硬的手段。企业家被激怒了，遂提出更加苛刻的"效率"条件。工人们同样恼怒不已，认为老板想让他们进行不公平的"加工"，便故意做得更慢。当

[第十五章] 老鼠和人

另一位企业家告诉这位企业家这个问题可以用请工会代表来参加一个劳资联席会议的方法解决时,他便粗声笑道:"不,对待这些家伙绝对不能如此。"工会和厂方代表之间每多谈一次,便争吵得更凶一些,直到双方都谈不下去,只得花了许多钱请律师代为调停,结果是:在该公司的历史上创下了生产额最少劳工成本最高的纪录,双方都"精神很受伤"。

我们还可以再举一个处于更高抽象阶层上的例子,一个国家也许会相信,唯一可以维持和平和国家尊严的办法就是让自己的军备变得强大起来。这个国家的这一举动使得它的邻国着急了,也增加起军备来,结果便是引发了一场战争。战争结束后,第一个增加军备的国家便宣称它得到了一个教训:过去没能保卫和平是因为武力不够强大,所以必须有加倍的军力。这当然使邻国加倍地着急了,所以它也加倍武装起来。于是双方之间又爆发了一场耗费更大、流血更多的战争。这场战事完毕后,那个国家又宣布道:"我们已经得到教训,我们以后永远都不会再犯轻视国防需要的错误。这次我们必须保证能有足够的武力来维持和平才行。这次我们要使我们的军力增加三倍。……"

这些例子当然都是为了便于大家理解而故意说得比较简单。然而,这种恶性循环岂不正是我们之所以常常无法理解或无法应对产生悲剧的条件的原因吗?这种模式其实很容易看出来:目标近在眼前,换种方法就可以达到,可是由于被凝固的反应操纵着的缘故,老鼠"不能"得到食物,太太"不能"改正丈夫的缺点,劳资两方"不能"和平相处,战争"不能"避免。

那么, 其他那些我们显然不能解决的问题是否也是这种情况呢? 为什么我们国家宁愿制造货物并以较高价格卖给自己国内人民,也不愿以较低价格从别的国家购进这些货物呢?为什么若是它送到别国去的天然资源、农产品和工业制成品,能够继续比别国送到它那里的多,它就会认为自己有一个"有利的"贸易平衡呢?为什么我们大家都承认为了世界和平考虑必须降低关税壁垒,但在真要降低任何一种壁垒时却会困难重重?最后,为什么虽然每个国家都知道若是地球上再爆发一次世界大战,结果会是难以想象的可怕,而各大强国却都还在急不可耐地准备下一次战争?世界上正是充满了这种种矛盾。

文化落伍

社会上之所以会出现"无法解决"的问题,有一个基本原因可以称为"制度惰性"(institutional inertia)。社会学上所谓的"制度",是指一种"有组织的团体行为方式,根深蒂固,并被公认为一个文化的基本部分"(《美国大学辞典》)。人类本来就有非将他们的力量和活动组织起来变成整个社会里差不多一律遵守的行为方式这一习惯。换句话说,一种社会制度之所以能够存在,就是因为很多人都已接受了这种方式;共产主义(或资本主义)社会里的人民,接受并保存了共产主义(或资本主义)经济行为上的习惯;军队里的人得到并保存了军队里的思想和行动方式；牧师们得到并保存了牧师思想和行为的习惯；老资格的职业球员也会把他们的行为方式传给新加入的球员。

所有的制度都有一个特别之处，那就是：你只要对自己的制度习以为常，最后就会觉得它是唯一正确而恰当的行事办法。譬如说，过去许多拥护奴隶制度的人都认为奴隶制度是"神定"的，谁要是敢批评这一制度，谁就是在批评自然法则、理性和上帝的意旨。另一方面，反对奴隶制度的人则认为他们的自由劳工制是"天定"的，奴隶制度违反自然法则、理性和上帝的意旨。与这个例子相似，在当今社会，认同资本主义商业经济的人认为他们用来组织商品分配的方法是唯一恰当的方法。另一方面,认同共产主义集体经济的人同样热诚而深信不疑地信守着自己的方法。这种忠诚于自己的制度的心理并不难理解。在任何一种文化里，几乎每个成员都会觉得自己的制度是合理生活的基础。谁要是敢挑战这些制度，几乎不可避免地会被认为是在威胁生活秩序。(问一位教士"要维持宗教秩序和道德秩序，是不是必须有教会"，问一位将军"要维持和平，是不是必须有军队"，问一个证券经纪人"证券交易所是否必须"，问一名教员"学校是否必须"，他们的第一反应都是不假思索地回答"是的"；你若是再次追问，在想了一想之后，大多数人仍会说"是的"。**每个人都倾向于保护自己的制度，使它们不致受到挑战或攻击。这一事实是社会之所以能够稳固存在的基础。**)

因此，所有的社会制度都倾向于慢慢地发生改变；最重要的是，在社会制度存在的条件已经消失，有时甚至连它们的赓续存在都已成为一种讨厌而危险的现象之后，它们仍然可以生存许久。这种过时的制度、习惯和形式仍然继续存在的现象，在社会学上就被称为"文化落伍（cultural lag）"。

畏惧变迁

因此，我们现代世界上最急迫的问题就是文化落伍问题，其实也就是想用过时的制度[1]来组织一个已经拥有喷气式飞机、超音速、电子和原子的世界而引起的问题。技术进步的速率超过我们的社会制度及伴随这些制度而来的忠义心理和思想的变迁速率差不多已有200年。目前这两种速率间的差别还在不断扩大，所以在每一种感受到科学冲击的现代文化里，一般人民都在怀疑19世纪（或更早）的制度是否适用于20世纪的现实。他们对于旧式爱国主义在这个已经由科学技术形成一体的世界上还会引起的许多危机，正在日渐感到恐慌。他们对于采用19世纪的资本主义（或社会主义）方法到底能不能促成一个健全的全球经济秩序，也正在日渐感到惶惑。不拘在世界上哪座城市，**只要科学技术所带来的变迁不能适当地配合社会制度变迁，就会有人在心境不安情绪动荡的状况下度日。**

---

[1] 这并不是说一切现代流行的制度都过时了。有许多制度是既很古老，又很美满。还有一些制度正在很快地变动，以求赶上社会的变迁。——原注

[第十五章] 老鼠和人

　　有些人当然会用唯一合理的方法来应对这些动荡不安的状况；也就是说，他们会努力改变或废弃已经过时的制度，创造新的制度；要不然，他们就会改良旧制度，往里面融入新因素。教育方法、政府组织、工会责任、公司机构、管理图书馆的技术、推销农产品的情形等随时随地都在变迁，因为在实际生活中许多人都是时时刻刻努力想使制度与现实发生更密切的关系。然而，有些人虽也看到变迁的需要，却在策动一些仔细看来并不比病症更好的补救办法；还有些人则在策动一些根本就无法实现的变迁。而且在人生中有几个最重要的问题上，世界各国都是在文化落伍的情况下找寻出路，其中特别严重的是国际关系，以及与它息息相关的如何建立公平的世界经济秩序问题——在这些问题上，我们到现在还找不到解决方法，所以文明的前途已经受到很大威胁。

　　文化落伍是怎样造成的呢？无疑，对许多人来说，造成这种现象的原因是愚昧无知，因为他们显然一点也不知道现代世界上实际的情形，他们"地图"上的"区域"早已不复存在。对另外有些人来说，落伍现象的起因是既得的经济利益或政治利益。他们在旧制度里一呼万诺，威风凛凛，加之制度惰性的助力，他们很容易相信自己所熟悉的制度非常了不起。毋庸置疑，在任何一个社会里，有钱有势者想要保持自身财富和权力的欲望，都是文化落伍的一个主要原因。当这种人受到社会变迁的威胁时，他们的行动往往会变得十分短见而自私自利。就像法国的波旁王朝一样，为了保住自己的特权，他们会进行愚蠢而血腥的挣扎，哪怕这样做会毁掉自己社会中的文明也在所不惜。

但是，财富和权力本身并不一定就会带来对社会不负责任或者无知的现象。一个社会里有了一个有钱有势的阶级后，也并不一定就会产生文化落伍现象。历史上至少也有一些有钱有势者知道怎样面对调整制度的运动漂漂亮亮地作出让步，有时他们甚至还会帮助引介新的制度。因为他们能够这样做，所以他们才能保住自己的优越地位，并使万千生灵免受秩序瓦解时的痛苦和灾难。有了这种开明的人，文化落伍问题便能减轻到可以应对的限度。

但当有钱有势者目光短浅不负责任的时候，他们就必须利用既不富有又无权力的老百姓，设法得到后者的支持，才能阻延势在必行的制度调整（institutional adjustment）。所以在解释文化落伍这一现象时，除了要解释有钱人为什么目光短浅外，我们还得解释一般老百姓为什么也会目光短浅，支持与自身利益相反的政策。制度惰性固然是一股强大的力量，能鼓动人们去做他们本不该做的事情；但是，除它之外，另外一股使统治者和被统治者都倾向于保存旧制度的主要力量似乎便是害怕心理。归根结底，文化落伍之所以如此猖獗，很可能就是因为各种职业里都有好些人畏惧变迁而起。

改正团体习俗

无论文化落伍是基于惰性、短见自私的想法、畏惧变迁的心理，还是其他许多复杂的缘由，解决社会问题的症结显然是如何使一般

[第十五章] 老鼠和人

人在旧制度里养成的习惯能够适应新的环境。社会上平时的制度太过复杂，改动一种就会牵动其他种种，所以很不容易变更。可是人类行为中最有趣的一件事情就是，许多平时无法解决的问题，一到战时立刻就可解决。实际上，战争也是一种制度，而且至少在现代文化中，它的需要总是能够压倒任何其他制度的需要。第二次世界大战之前，要将伦敦贫民区的小孩送到乡下去呼吸一下新鲜空气，想都不要想。但是德国飞机开始轰炸伦敦后，全伦敦所有的孩子们一周之内便全都迁了出去。在大战之前，许多有内向观点的人坚持认为，德国和日本储备不足，不可能有作战实力。但是，虽然非常著名的社论作家和新闻评论家都是这样预言，德国和日本仍然与同盟国大打了一场。战争结束后，美国政府在英国和法国赶忙设立了两所好大学，让在欧洲的美国士兵读书。教科书和教学设备全都用飞机运来，几千名学生都有极讲究的宿舍住，知名教授都从美国著名大学重金聘来，使得倦于作战的美国士兵能在很短时间内有一个教育乐园可以享受。在平时，我们能不能想出什么方法，在以人口算来教育经费最少因而也是最需要一所好大学的地方，比如西部贫困地区，设立这样一所大学呢？

倘若美国明天又要作战了，而且有人指出，为了战争需要，所有大城市里的房屋都必须增加四分之一，这些房子可能一年不到就建好了。就像在第二次世界大战时，罗斯福总统说美国必须每年生产五万架飞机，工业巨头虽然一再声明这"不可能"，结果却因为大家都有坚定的决心，最终圆满完成计划。再有，在大战时，同盟国间很快便建立起某种程度的合作,例如,互相交换军事机密,参谋本部互相联络,联合执行军事和物资计划,共同制定外交政策等,平时的各种制度习惯都被一一推翻,可是等到战争刚一结束,同盟国间便又放弃了这些合作行为。所以我们从战争中得到了一个教训:**制度固然是一种强有力并且持久的东西,但若时机真个危急,往往也未始不可以改变。**

所以,现在世界各处都面对着的问题,就是要认清目前的国际关系(别的许多问题也是如此)已经严重到要求我们修改或放弃制度的地步。了解了这个危机后,我们做公民的责任就是要想出办法来调整自己的思想行为方式,庶几我们调整制度时能够切合实际,迅速完成,以最小的痛苦得到最大的公共利益。

外向观点的规则

在每一个引起许多人争辩的公共问题里,例如修改劳工法、改变分配医疗福利的方法、解决国际争端的新途径等,主要内容总是离不开制度适应(institutional adaptation)。**假如我们硬要用对立的名词("公平"与"不公平","自然法则、理性和上帝的意旨"与"无秩序和混乱的势力")来讨论社会问题,双方就会产生恐惧和恼怒的反应;恐惧和恼怒则会使人心智麻木,无法作出理性的决定。要想避免这种二元价值式的争辩,我们必须把社会问题当成制度适应问题看待**,这样一来,许多激烈争辩的社会问题中的种种疑难就会慢慢地自动变成外向的,我们便会不再追问某个改变制度的建议是"对"还是"错",是"进步"还是"反动";而是可以改问下面这些问题:"结果如何?谁能得到利益?能得多少?谁会吃亏?吃亏到什么程度?在这个建议里有哪几点可以保证将来没有害处?一般大众对这样一个法案是否真的已经做好准备?对物价、劳工供应、公共卫生或其他问题可能会有什么影响?谁这样主张的?根据谁的研究心得、哪一门专门知识?"当我们对这种外向问题有了外向的回答时,我们就能很快作出决定。

从外向知识得来的决定,既不"左倾",也不"右倾"。在最有系统的外向训练(科学)里,既没有"左倾分子",也没有"右倾分子",唯一的问题只是各人能力不同。哪位科学家能力最强,并不是用辩论的方式决定的,而是把许多科学的预测放到一起进行一番比较,看哪一个最正确。谁的预言最正确,谁就会被大家公认为是最优秀的科学家。我们对社会问题的预测,远不如自然科学里的预测正确,这一点当然是真的。但在原则上,我们对于社会行动结果的预测并不是不能变得更加清晰正确。依照我们现在的习惯,当专家们对社会问题争执不下时,我们就会出钱发动宣传,替"自己这边"大吹大擂。倘若在这种情形下我们肯用这笔钱来进行一番科学研究(假如这种研究能够成功,专家们的意见便会渐趋一致),那么意见分歧便能成为知识进步的出发点,而不至于像现在这样成为更多纠纷的来源。

譬如说,现在有人提议,要市政当局准许货车从橡树街大桥上通行。货车行都拥护这项提议，因为要是通过了他们便可以节省很多金钱和时间。如果我们在讨论这个提案时抱持外向态度，我们提出的问题就会属于下面这一类："这座桥的结构能否经得起更重的负荷？对橡树街和其他通往这座桥的街道上的车辆行人来往会有什么影响？是否会增加车辆肇事的危险？是否会影响到市容的美观？对橡树街上及附近住户和商户会有什么影响？"当各种专家作出正确答复之后，每个投票者就都有了足够的资料，可以依照自己的利益和观点进行投票。无论他关心的是他的孩子上学时的安全、市容的美观、货车行的利润、对税收的影响等等，他都可以知道怎样去做。每个投票人的决定都有专家们精心作出的预测为根据，所以他投的票便能确实代表几分他真正的需要。

我们再来作一个假定。假定在全城中这个方案只对货车行有利。倘若货车行想要让这个方案通过，它就得设法不让大家外向地去讨论这个问题。它要用的技巧就是立刻将一切讨论提到较高些的抽象阶层上去，专门谈论"不合理地阻碍商业发展""不许'政客''俗吏''小官僚'破坏'自由企业'与'美国方式'"等种种问题。使用这些方法系统地搅乱了抽象阶层之后，他们就能把货车开过橡树街大桥的自由，渲染成和流血得来的民族自由一样重要。

我们感到可悲的不仅是许多人都太过天真，很轻易地就被这种话给欺骗了；更可悲的是，在许多地方，报纸上并没有别的外向材料供给我们讨论参考。这种现象之所以会发生，一部分是因为报纸本身就是大企业，往往和别的大企业有着休戚与共的感觉；一部分

[第十五章] 老鼠和人

是因为有些报纸早已不再自行采访新闻，而是专登联营的专栏作家、通讯社等提供给它们的材料；还有一部分原因是有些编辑和出版者似乎比社会上受教育程度最低的分子还要容易被非常抽象的空论所感动，所以在有些地方的报纸上，几乎看不到有什么关于重要的公共问题的消息。

无论什么问题，一定要有外向的讨论。得到了外向的回答并且广泛地传播出去之后，也就没有分为"右倾"或"左倾"阵营的需要。无论你的利益是广泛的还是狭窄的、利己的还是利他的，你都可以自由地根据你真正的而不是想象的利益来决定问题。

穷途末路

有时候，由于一再进行漫长无益的争辩，时间一年一年地过去了，制度调整尚未成功，文化落伍却是日趋严重。社会脱节现象 (social dislocation) 一天比一天严重，恐惧和混乱的心理传布开来，整个社会就会变得像有些个人一样，为了无法解决自己的问题而感到日益不安，既无试验新行为方式的信心或知识，同时又因为知道自己的传统方法已经不再适用，所以十分惶恐。在这种情形下，那些社会就会变得像马耶尔博士的老鼠们一样："当它们被迫要在无法解决问题的情况下作出反应时，就会产生一种固定的反应习惯，不顾环境，一味如此……在这种情况下，它们所选择的反应便会凝固起来……一旦出现凝固现象，那种动物就会失去适应环境的反应能力。"于是，整个社会（从前常常如此，现在也是一样）在面对自身最迫切的问题时便会专门盯住一种解决方法：唯一满足发怒神灵的方法，就是把更多的婴孩掷给鳄鱼吃；唯一医治疾病的方法，便是找出并迫害更多的女巫；唯一得到繁荣的方法，便是订下更高的保护税率；唯一保证和平的方法，便是要有更多的军备。

这种脑筋不灵的状态，使得我们在应对"无法解决"的问题时，难得会去选用外向的方法，而这却是唯一能够帮助我们解决这类问题的方法。**内向的定义和较高的抽象阶层无法帮助我们解决大家的吃饭问题，或是和邻居建立友好的关系。外向世界里的事情一定要用外向的手段才能做到，这一点无论对谁来说都是一样**。倘若我们这些民主国家里的公民，想要在与我们有着密切关系的重要事件（例如，和平问题和公平的世界经济秩序问题）上负起自己的一份责任，我们必须能从较高抽象阶层的云雾里爬下来，学会用外向眼光来考察世界上一切地方性、国家性和国际性的问题，就像我们现在考察如何获得食物、衣着或住所一样。

然而，假如我们不肯放松自己的凝固反应和内向观点，以及伴随它们而来的那种富于争斗性的二元价值想法："我们是对的，你们是错的"，我们的前途一定会和马耶尔博士试验中的那些老鼠相差无几。我们将会老是像生了病似的，无力改变自己的行为方式。除了像老鼠一样一次又一次地尝试错误的解决方法以外，也就没有别的路可以走。这种无效行为重复过多次之后，即使我们最后发现自己陷入一种在政治上"神经衰弱"的情形里——没有力气再去尝试，愿意让独裁者用绳子绑着我们的尾巴把我们倒挂起来——也没有什么好稀奇的。

科学态度

科学最值得注意的特性是它能够持续不断地解决"无法解决"的问题。从前大家都认为要想出一种时速20公里以上的旅行工具来是一件"不可能"的事情,但是我们现在有些交通工具的时速已经达到六七百里以上。从前曾有人屡次"证明"人"不可能"会飞行,但是我们现在早已把飞越重洋视为常事。作者念大学时屡次听到有人说,利用原子的力量,只是在理论上有这种可能——事实上当然绝对不会实现,但是我们现在已经可以让原子为我们所用。所以我们简直可以说,科学家是以完成"不可能"的事情为职业的人。他之所以能够做到这一点,是因为他在进行科学研究时有外向的观点。但在他所谓的"非科学"的题目上,他也可能而且往往真的是有内向观点。所以在谈论社会问题或政治问题时,自然科学家往往并不比别人聪明。

我们在上面已经看到,科学家一般都会对他们所研究的现象有种种特别的说法,会对他们所关注的地域绘制出特别的"地图"。他们根据这些"地图"作出预测:倘若事态的变化恰好与他们的预测一样,他们便认为"地图"是"对"的。倘若事态的变化与他们的预测不同,他们便会丢弃自己的"地图",另外再去绘制新的"地图"；也就是说，他们便会按照一套能够提示出新行动程序的新假说来采取别的行动。然后再次将自己的地图与地域相对照：假如新的地图还是与地域不合，他们仍会毫不沮丧地放弃它，再提出别的假说，直到他们找到合用的假说为止；这些合用的假说便是他们所认为是"真"的解释，但是所谓"真"也只不过是指目前而已。倘若后来他们又遇到了新情况，这些假说不再适用，他们便又会准备放弃它们，重新查考外向的世界，再接着绘制能够提示更新的行动程序的、更新的地图。

当科学家们能够做到不受金钱和政治势力干涉可以自由地工作时，换句话说，当他们能和世界上做着同样工作的人自由地把知识集中在一起，根据独立得到、自由交换的观察结果，互相考查彼此的地图是否正确时，他们就会取得极快的进步。由于他们拥有非常多元而且外向的观点，因此，他们也就会比其他任何人更不易受到固定规律和无聊问题的烦扰。科学界人士的谈话和写作里充满了承认自己愚昧、声明自己知识有限的词句，这一点从传统观点来看似乎很是矛盾，可是从新的观点来看却很容易理解。作者在和相识的原子物理学家们谈话时，常常发现他们爱用下列各种说法："根据××最近发表的论文——当然，他也许还有更新的发现没有发表出来……""没有人完全知道究竟发生了什么事，但据我们猜想事情很有可能是这样……""我告诉你的话可能是错的，但在我们所能想得出来的理论中，这是唯一说得通的一个……"**有人说过"知识就是力量"，可是只有知道自己知识有限的人，才会拥有真正的知识。**

一位科学家绝对不会因为一张地图是他祖父传给他的或是先圣先贤用过的就硬抓着不放。站在内向观点的立场上我们可以说"倘若先圣先贤能用它，我也能用它"，然而，站在外向观点的立场上，在没有对其进行考查之前，我们却无法知道它到底适用不适用。

又是左边的门

请留意我们对有些东西所抱的技术和科学态度与我们对别的东西所抱的内向态度之间的区别。当我们修理一辆汽车时，我们只会想到机器零部件，而并不会去问："你所提出的方法是否合乎热力学原则？在类似状况下，法拉第或牛顿会怎么办？你是否一定知道，你所提出的补救方法并不代表我国技术传统中那种堕落和失败主义的趋向？假使我们对每辆汽车都这样做，会产生什么结果？亚里士多德对这一点怎么讲？"这些都是没有意思的问题。我们只会问一个问题："会有什么结果？"

但当我们想要改造社会时，情形便不同了。极少会有人把社会视为一台机器，大都是把社会视为一堆活动着的制度的总和。我们平常用来观察社会问题的态度往往包括习俗的道德观点，所以我们总是会批评这个批评那个，或者互相批评。这样一来，我们便完全忽略了"测绘"社会问题的基本条件，也就是说，我们原本应该先把那些组成一个社会和造成它的社会问题的固定的团体行为方式（制度）描写出来。痛恨敌人的心理常常使我们只求改变不问后果，专求"惩罚坏人"而不问实际效果。所以一谈到补救社会缺陷的具体方法，我们反而只会想到一些没法证实的问题："这些主张合不合健全的经济政策？合不合公正理性的原则？我们历史上的先贤对此会怎么说？这是一种倾向共产主义还是倾向法西斯主义的方法？倘若人人遵守这样的计划，结果会如何？你为什么不读亚里士多德？"由于我们耗费了许多时间去讨论一些毫无意义的问题，所以我们往往对这些主张可能会引起什么结果反倒永远没法知道。当我们被这些无聊的问题纠缠得不可开交时，有些人一定会特意跑来劝告我们："让我们回复正常吧……让我们保持古老优良历经试验的原则吧……让我们回到健全的经济健全的财政吧……我们必须回复到这个中去……我们必须回复到那个中去……"大多数这种主张当然只是要我们再向左边的门跳。换句话说，它们邀请我们继续将自己逼得发疯。在慌乱无所适从之际，我们接受了这些主张，结果还是和从前一样，碰一鼻子灰。

[第十六章]

走向内心和外界的秩序

> 我又告诉你们:凡人所说的闲话,当审判的日子,必要句句供出来。因为要凭你的话定你为义,也要凭你的话定你有罪。
>
> ——《马太福音》12:36-37

外向观点的规则

就像一位机械师随身总是带着一副钳子和螺丝起子以备不时之需,就像我们脑子里都深印着一张乘法表以备日常之用,我们也可以在脑子里带着一些方便的规则以备获取外向观点之用。这些规则并不需要很复杂,一组简短的公式就已足矣。它们主要的功用是防止我们在内向思想里转来转去,防止我们作出自动反应,防止我们去研究那些"无法解决"的问题,防止我们不断地重复旧的错误。它们不是魔术，不会告诉我们有没有更好的解释办法，但是它们会使我们开始追求更好的新的行为。下述规则是对本书中直接讨论评价问题那几部分的一个简单小结。这些规则大家应该烂熟于胸：

（一）一张地图并不就是它所代表的地域；言辞并不就是事物。

一张地图从来都不会表现出一个地域的每一部分；言辞从来无法做到将所有事物都完全描述出来。

我们可以无限制地创造地图的地图、地图的地图的地图……不论它们与真的地域有没有关系。（第二、十章。）

（二）言辞的意义不在言辞中，而在我们的脑海里。（第二、十一章。）

（三）前后文决定意义（第四章）：

我喜欢鱼。（烧好的、能吃的鱼。）

他钓到了一条鱼。（活鱼。）

鱼目混珠。（以假乱真。）

鱼玄机。（人名。）

（四）留心"是"字，因为它可能会代表一种错误的评价法：

草是绿的。（忘了我们神经系统所做的工作了吗？第十、十一章。）

张先生是上海人。（小心不要把不同的抽象阶层混淆不清。第十一章。)

做生意就是做生意。(一个指示,第七章。)

一样东西就是一样东西。(除非是将其视为一条语言规则,否则就会有忘了此外还有别的分类法和每样东西都是一个变动的过程的危险。第十、十二、十三章。)

(五)不要没有造桥就想从上面走过去。认清指示与说明之间的差别。(第七章。)

(六)必须认清"真"字至少有四种不同意义:

有些香菌是有毒的。(说这句话是"真"的,意思就是说,它是一个能够而且已经被证实的报告。第三章。)

小红是世界上最可爱的女孩。(说这句话是"真"的,意思就是说,我们对小红确实是这样想的。第六、八章。)

人生而平等。(说这句话是"真"的,意思就是说,它是一个我们认为应该要服从的指示。第七章。)

$(X+Y)^2=X^2+2XY+Y^2$。(说这句话是"真"的,意思就是说,这个方程式能适合一种叫做代数的语言创制的系统。第十二章。)

(七)当你想要"以火攻火"的时候,记住消防员平常总是用水的。(第十三章。)

(八)二元价值观点是启动用的机器,不是驾驶用的机器。(第十三章。)

(九)小心定义,它是用言辞解释言辞。如果可能,思考时尽量设法用实例而不用定义。（第十一章。）

（十）用指数和日期来提醒自己，没有一个字能有两次意思完全相同。

牛1不是牛2，牛2不是牛3……

史密斯在1949年不是史密斯在1950年，史密斯在1950年不是史密斯在1951年。

若是觉得上面的规则太多，不容易记住，那就请大家至少要记住下面这条：

牛1不是牛2，牛2不是牛3。

这是一条最简单也是最普通的外向观点规则。"母牛"这个名词给了我们内向的说明性和情感性的含义，它使我们知道这头"母牛"与别的"母牛"有何相同之处。但是那一指示数却提醒我们，这头母牛是不同的；它提醒我们，"母牛"这个词并没有把这一事物的各个方面全都说出来；它提醒我们，在抽象化过程中，许多特质都被略去了；它使我们不至于把名词与事物当成一样东西，换句话说，它使我们不至于把抽象的"母牛"当成外向的母牛。

[第十六章] 走向内心和外界的秩序

秩序凌乱的病征

不遵守上面那些原则，不论是出自有意还是无意，就是用原始而幼稚的方式思想，用原始而幼稚的方式行动。我们可以用许多方法来测定自己内心不健康的反应。最明显的征兆之一就是忽然大发脾气。假如两个人辩论，大家都闹上了意气，言辞越来越激烈，最后终于以对嚷对骂收场，那么在这场辩论中一定有什么地方出了错。

另外一个明显的征兆是烦闷——我们想来想去就是想不出一个头绪。"我爱她……我爱她——唉，要是我能忘了她是个打工妹该多好！……倘若我和一个打工妹结婚，朋友们会怎样想？……但是我爱她……她要不是个打工妹该多好！"但是别忘了，打工妹 1 并不是打工妹 2。"哼，我们现在这位州长真够坏的！……我们还当他是个学者，但他实在只是个政客……现在我想起来了，上任州长并不太坏……唉，可是他也是个政客，而且那样爱玩政治手腕！……我们就永远都找不到一个不是政客的州长吗？"但是别忘了，政客 1 不是政客 2。我们打破这些圈子以后，多想想事实，而不想名词，就可以对这些问题有新的看法。

另外一个内心反应不健康的征兆就是太敏感，太容易生气，一下子就觉得别人侮辱了自己，心中恼恨不已。思想幼稚的人常常会把名词当成实物，因此便以为不客气的话就等于不客气的行动，把无害的名词视为有伤人的力量，一听到有人发出这些声音便认为自己"受了侮辱"。在半开化和幼稚的社会里，一般所谓的"君子"们常常把这种反应捧得很高，美其名曰"社会礼法"。所谓"礼法"，就是一想到"受了侮辱"便得非常痛快地拔出剑或枪来的意思。他们自相残杀的速度自然也就变得不必要的快。这又证明了本书中经常暗示的一个原则：沸点愈低，死亡率越高。

前面已经说过，说话太多太随便的倾向是一种不健康的征兆。同时我们也要提防"想得太多"。**我们不要以为有成就的思想家就一定会比毫无成就的人"思考得更多"。这种想法是一个错误。他们只不过是思考的效率较高而已。**"想得太多"的意思往往是指在我们心里有一样"确定"的东西——一个"无法争辩的事实"，一条"不能变更的法律"，一条"永久的原则"——一些我们相信已把某些事物"完全讲出来"的言辞。然而，实际生活经常会当着"无法争辩的、确定的东西"的面暴露出与我们的先入之见不合的事实来：并不腐败的政客，并不忠实的朋友，并不慈善的慈善机构，并不保险的保险公司。我们既不愿意放弃"稳当"的感觉，又不能否认那些与我们的先入之见不合的事实，也就只能是"想来想去，想了又想"。我们前面已经讲过，在这种进退两难的情形里，只有两条出路：第一，从根本上否认这些事实；第二，从根本上推翻那条原则，从"一切保险公司都可靠"，一下子变到"没有一家保险公司是可靠的"。由此也就会产生下面这种幼稚的反应："我再也不相信女人了""以后再也不要和我谈政治了""我再也不看报纸了""所有的男人都是一个样，鄙俗不堪"。

相反，一个思想成熟的人知道言辞从来不会把所有事物完全描述出来，故也就能适应"不测"。譬如说，在路上开车时，我们从来都不知道前面会遇到什么情况：不论我们在这条路上开过多少次，我们永远也不会碰到两次完全一样的交通情形。虽然如此，一个会开车的人却依然能够开过各种道路，有时甚至还会开得很快而一点都不感到紧张。这时我们就可以说，在开车这件事上他已经能够适应"不测"了——例如，意想不到的爆胎，或是忽然遇到危险等——而且并没有不安全的情形。

同样道理，一个有智慧的人并不是对所有事物都"完全了解"。可是他也并没有感到不安全的情形，**因为人生中唯一可能有的安全，就是来自内心的主动安全（dynamic security）：这种安全的泉源便是一种从无穷多元价值观点得来的伸展自如、灵活无比的心境。**

对这个"完全都知道"对那个"完全都知道"，真到我们觉得有问题"不能解决"时也就只能怪我们自己了。**倘若我们对语言（自己的和别人的）的性质能有一点简单的了解，我们便能既节省时间又节省气力，而不至于在语言的"鼠笼"里兜圈子。有了外向观点，我们便能应对求学和处世上种种无法避免的"不测"现象。无论无情的外界会硬塞给我们什么问题，我们至少可以不会再去自寻烦恼。**

迷失了的孩子

还有一些不快活的人，对这个既不"完全都知道"，对那个也不"完全都知道"，却又希望自己能完全知道。由于并不知道所有事情的答案，所以他们总是感到焦虑，总是想要找到一个能够永远消除他们焦虑的答案。他们从一个教会、政党或"新思潮"运动转到另一个教会、政党或"新思潮"运动。倘若他们是受过教育的人，他们会从一个心理分析学家那里转到另一个心理分析学家那里；倘若他们没有受过教育，他们会从一位算命先生那里转到另一位算命先生那里。这些人有时也会因为遇到一个自己认为是丝毫不差的算命先生、政治领袖或思想系统而兴奋不已，非常热心地将这个消息告诉每一个熟人，因为他们觉得自己的问题已经有了圆满的答复了。

　　这种人之所以会先是感到过分忧虑，后来自信问题解决了又感到过分喜悦，有一个极重要的理由。心理分析学家已经说出了这个理由。一个成人（感情上成熟的人）是一个独立的、能够自己想出问题的答案、知道没有一个答案能够包罗万象的人。然而，倘若我们幼年时所受的教育并未教给我们独立自主，譬如说，倘若我们在正需要爱情和照顾的年代失去了爱情和照顾，或者，倘若我们的父母过于溺爱我们，替我们将所有事情都安排得舒舒服服，不用我们自己努力，那么我们长大成人后，虽然生理上已经成熟，但在感情上还是没有成熟。无论我们活到多大岁数，我们还是会继续需要一个代表父母亲的记号：一样可以安慰我们而且有权力的东西，无论我们需要什么答案都可以向其求救。如果我们已经无法再依赖自己的双亲而这种需要仍然存在，我们便会一次又一次地去找寻代表父母亲的记号：有时候它可能是一位和善的老师，有时候它可能是一位有权威、有尊严的传教士，有时候它可能是一位像父亲般慈爱的

[第十六章] 走向内心和外界的秩序

雇主,有时候它还可能是一位政治领袖。

对我们这些研究人类语言的人来说,在这种找寻"父母亲记号"的行动中,最值得注意的是它与言辞之间的关系。有些出于某种缘故无法接受一位教师或政治领袖为父母亲记号的人,可能会在一大堆有系统的话语,比如一部不易理解的哲学巨著、一套政治经济哲学、一种新思想"或是许多伟大的名著里找到一个"父母亲记号"。"看呀,看呀!"他们嚷道,"所有的答案都在这里了。"在这些文字中找出"所有的答案"来,实在只是一种感情不成熟和不懂象征过程的现象。但是因为有这种毛病的人多半都能高谈阔论,所以一般民众便以为它是值得尊敬的。实际上它是一种感情不成熟,因为它包括了放弃独立思考,依赖(言辞的)父母亲记号。可是因为凡是这样地表现出他们感情不成熟的人都得到了一套异常复杂而抽象的字汇,并且在所有可能的场合里都会将其展现出来;而在我们的文化里又比较尊重说话滔滔不绝的人,特别是讲得极抽象的人,所以大家便认为它很了不起。说实在的,这种依赖父母亲的心理幼稚得很,因为它的假设是:一幅语言的"地图"能把一个经验里的"区域""完全说出来"。我们前面已经说过,知道这是一个不可能的假设。

上面的话当然并不是说,对一本或一百本巨著有热情就一定是一种不成熟的征兆。然而,感情成熟的人的热情与感情不成熟的人的热情是不同的。当一个感情不成熟的人发现了一种可以满足其需要的新知识或哲学系统时,他便会盲目地接受它,把他学得的那套公式整天挂在嘴上。任何人一提起他应该另外再学些别的东西，他都会发怒。一个成熟的读者，即使心里对他发现的"巨著"感到又快活又兴奋，也仍然渴望着先将其试验一下："这些新的、令人兴奋的原则或主张是不是真能那样普遍应用呢？对于许多别的、在文化或历史背景上与我们不同的地区，它们是否同样适用呢？它们是否需要修改、锤炼或校正呢？在特别的情形或不同的条件下，这些原则或态度应该怎样去应用？"当他研究着这种种问题时，他也许会慢慢地发觉，自己所发现的制度仍是那么重要；但他虽然一方面感觉到自身的能力增加了，另一方面却也深深体会到，自己需要学习的东西还有很多很多。

说实在的，一种新的哲学或科学系统应用的范围愈广，引起的新问题也就愈多。达尔文在《物种起源》里所给予许多困难、麻烦问题的回答，并没有使生物学的研究停顿，反倒成为近代生物学最大的激励，促使生物学家们更加努力地去研究新知识。弗洛伊德给予心理问题的答案，并没有使心理学就此止步不前，反而拓展了新的研究区域。"巨著"必须能够提出新的而且有得到圆满答案希望的重要问题。倘若"巨著"的结果是使我们停止研究，那便是我们读错了。[1]

换句话说，无论是在科学、宗教、政治还是在艺术上，我们越是

---

[1] 苏联共产党利用马列著作的态度，在作者看来，就是表示他们把从前曾经对社会科学有过重大贡献的书籍读错了。共产党把一切与马列理论（或者至少是与他们对马列主义的解释）不同的学说，都认为是攻击"真理"，因此似乎使得社会科学在苏联境内简直不能进步。——原注

[第十六章] 走向内心和外界的秩序

能够变得聪明起来，也就越不会有武断的危险；显然，只要我们真能看清人类经验的领域就会注意到，我们能为它们绘制的言辞的地图有多么大的欠缺。在第十一章里，我们称这种感觉到地图里缺点的现象为"注意到抽象化过程"。真正成熟的人，即便是对于他极力推崇的哲学或思想系统，也仍然保有这种"注意到抽象化过程"的意识。

"认识你自己"

在另外还有一个区域中，"注意到抽象化过程"也是不可缺少的，那个区域就是我们对于自己的想法。我们都要比母牛阿花复杂得多，而且比阿花更加瞬息不停地在变动着。此外我们又都在用着某种言辞（或是其他抽象东西，就像"心里的图画""理想""概念"等）来描写自己。这些描写自己的话，有的比较固定清楚，有的则比较差些。"我喜欢待在家里""我长得漂亮""我丑得没救了""我相信效率""我是被压迫者的朋友"……这些话语与它们的地域（我们自己）比较起来，有的是比较确切些的地图，有的就差得比较远。这是因为有的人能把关于自己的地图画得好些，有的人则会画得差些。假如有一个人给他自己画了一张相当好的地图，我们就会说他"认识自己"，正确地衡量了他自己的能力和观点、他感情上的力量和需要。心理学家卡尔·罗杰斯（Carl Rogers）认为，我们给自己画的"地图"就是"自我概念（self-concepts）"，这些"概念"有"切合实际"和"不切合实际"之分。我们做什么事、穿什么衣服、仪态如何、怎样装模仿样、接受了什么任务、推诿了什么任务、与什么人来往，等等事情，由我们真正的能力和缺点来决定的成分，远不如由我们自以为有的能力和缺点也就是"自我概念"决定的成分多。

本书前面所讲的有关地图和地域的那些话，对于"自我概念"特别适用。地图不是地域，自我概念不是自己。一张地图并不代表整个地区；一个人的自我概念也略去了他真正自我中的很大一部分，因为我们永远都不可能完全认识自己。我们可以画地图的地图的地图……一个人也可以对自己描写自己，然后再进一步在更高的抽象阶层上作出不知道多少关于自己的推论、判断……

这种地图与地区不相符合的情形，不但威胁到我们的自我评价，而且威胁到我们对别人和外界事物的评价。事实上，我们估量别人和外界事物时智慧的高低，多半都要视我们自我评价时智慧的高低而定。"认识你自己"这句名言里就包含着这种意思。所以最重要的问题便是：我们究竟给自己画了一幅怎样的地图？

有些人的自我概念显然很不切合实际。假如有一个人说"我有能力做总经理"，可是真当了总经理后却又表现出自己并没有这种能力，他一定会使大家（包括他自己在内）都异常失望。倘若另有一个人说"我什么都不中用"并真信了自己的话，他就很可能会浪费自己的才能、虚度一生。我们常常看到的许多穿着和行动都像是十八岁大姑娘的中年妇人也是一个例子，因为她们的生活同样是被一种非常不合实际的自我概念所支配。

[第十六章] 走向内心和外界的秩序

另外还有一种人则好像永远都无法理解他们的自我概念里并不包括所有有关他们的事实。用心理分析学家的话来说，**每个人都有一种把自己真心的理由隐瞒起来而另外找些冠冕堂皇的理由来作解释的习惯**。譬如说，有一个写书评的人攻击一本书，说它"立论不够严谨，文笔又复拙劣"，而他真正的理由却不外是同行相妒，书中的主张使他看了后觉得非常不安，或是他和该书作者在十年前曾吵过一次架等等。倘若这位写书评的人真心相信他的自我概念"完全"代表他自己，假如他给自己画的地图是"一个相信严谨的逻辑和格调高雅的文章的人"，他便会觉得他在书评中所提出的理由可以充分解释他的偏见。换句话说，不明白"自我概念并不代表自己"，往往会使许多人真个相信自己的遁词。有些人当真是如此全心全意地相信自己的"自我概念"——也就是说，他们寻出了那么完美的遁词，把自己包围起来，以至于连获得"自知之明"的能力都丧失殆尽。

拥有自知之明当然常会使人不安："我不喜欢这本书是因为我嫉妒作者""我没能升迁是因为我不如别的同事聪明"。倘若我们的感情还没有稳定下来，像这类话真是不大受用得了。因此我们常会感到有相信自己遁词的需要："这本书立论不够严密""我之所以无法升迁是因为我的同事合伙欺负我"。只要相信这些不正确地图的需要足够强烈，我们便会对无论有多少与它们相反的证据都闭目不理。

怎样才能使自己不至于陷入这种情形呢？那些已经深深地陷入这种情形不能自拔的人，也许只能去请那些经过专门训练的心理顾问或心理分析学家来帮忙了。但是我们中还没有落到这等糟糕地步的人，仍然每天都要面对采取什么行动和作出什么决定的问题。我们的自我概念越是切合实际，我们的行动便越有成功的可能，我们的决定便越会变得健全。我们能不能赶快努力，做到更正确地了解自己呢？

报告和判断

　　心理顾问和许多心理分析学家所做的事情中，至少有一件事是稍微有点自知之明的人都能或多或少做到一部分的。前面已经说过，我们之所以会制造出假的自我概念，是因为真的事实让人不大好受。我们之所以忍受不了真正的事实，是因为我们往往忘不了自己从日常环境里（从我们的朋友和邻居所说的话，或者是我们心目中以为是他们所说的话里）盲目学来的别人的判断。这里所说的"判断"与第五章里的意思一样。请读者朋友注意"我是一家加油站的加油工"和"我只是一家加油站的加油工"这两句话之间的差别：前者是一个报告，后者则包括一个判断，其中含有"我应该不是这样一个人，现在这样真丢脸"的意思。

　　心理分析学家或心理顾问所给予病人的帮助中，最重要的特点之一就是他不会对病人下任何判断。当病人向他承认自己"只"是一家加油站的加油工，或者于1943年4月在战场上精神错乱了时，心理分析学家或顾问帮助病人的方法就是用语言或态度表示出来，他虽然能够理解病人那种惭愧感或犯罪感，却完全没有因为病人的现况或过去的行为而有责备他的意思。换句话说，他帮助病人把判断"我只是一家加油站的加油工，因此没有什么出息"又改变成报告："我是一家加油站的加油工"；把判断"我在战场上精神错乱，因此我是一个懦夫"变为"我在战场上精神错乱"。由于那位心理分析学家或心理顾问接受了病人的缘故，所以病人也就比较能够接受自己。

让别人的判断（以及我们心目中认为是他们的判断）过分地影响我们，是我们之所以会有渺小感、犯罪感和不安全感的最常见理由之一。假如有人对自己说"我出身低微"同时又相信了某些势利眼对出身低微者的恶意批评，他就会觉得自己确实没有希望，从此便精神不宁，悻悻不快。假如一个人一个月只挣一千块钱，但是由于相信了别人的话（或许别人并没有那么说，而他却以为他们是那样讲过的），觉得假如他真有能力就该每月挣一万元才是，他就会感到不容易适应他的现状。

在第三章里作者建议练习写作不含判断的报告，对于描写自己，这个建议同样适用。假如我们想要得到比较切合实际的自我概念，多做一些像这样的自我描写，一定会起到特别的效用。

在做这种练习时，我们应该先把有关自己的事实都写下来——尤其是那些使我们觉得害臊或窘困的事实——然后对每件事实追问类似下面这样的问题："我是否需要对这件事下一个判断？""究竟是谁对这件事下了那样的判断？我是否也该那样做？""此外就不可能有别的判断了吗？""过去我的某个行动引起了不好的批评，这些批评对于今日的我说中了哪一点？"下面这种报告可能会引起新的

评价,就像括号里指出的那样:

> 我是一家加油站的加油工。(有人觉得做一家加油站的加油工是一桩"丢脸"的事,我是不是也必须那样想?)
> 我在战场上精神错乱了。(谁说我就不该精神错乱?他们有没有上过战场?他们是不是和我一样必须吃那么多苦?我在作战时心理上受了损伤,有的人则是生理上受了损害,他们为什么不给心理受伤的人颁发勋章?)
> 我是一个主妇。(那又怎样?)

假如一个人老爱为自己找遁词,而且他的这一坏习惯早已根深蒂固,这种办法就会不大容易行得通。譬如说:

> 我之所以不喜欢这本书,真正的理由是同行相妒。(哦,不是的!那位作者的立论一点都不严密,他的文笔简直不行!)

但是,如果我们对自己心境的看法变得日渐外向化,接受自己的能力逐渐增加,我们就可以无需断定"好""坏"而直截了当地面对现实:"我比普通人矮""我不擅长运动""我是双亲离异的孩子""我的妹妹比我学习好""我从未上过大学"……到了那时我们欺骗自己的需要也就会越来越少。在自我知识上,就像在科学上一样,能征服小些的区域，便能慢慢地征服大些而且比较困难的区域。我们的自我概念渐渐地变得切合实际，我们的行动和决定也会渐渐地变得更加聪明起来，因为聪明的行为和决定一定要有一幅比较准确的关于自己的人格那一复杂地域的地图作为基础才行。

制度化的态度

另外一种可以增加对自己的外向觉悟的办法，是将制度化的态度（institutionalized attitudes）和外向得来的态度区分开。第十五章里已经讲过，我们都是生活在一定的制度下，因此从小就会吸收一些该制度所需要的态度。倘若我们加入了民主党，别人就会认为我们应该支持民主党竞选人；倘若我们加入了一个雇主协会，会中别的会员就会希望我们能像他们一样仇恨所有的工会；倘若我们是劳工，别的工人就会希望我们能和他们形成一条阵线，共同对付资本家。

这种制度化的态度包含了许多普遍的、错误的评价法，这是因为每一种制度化的态度都会涉及一个处于较高抽象阶层的、概括的观念，而真正的民主党候选人、劳工、资本家等却是外向的事实。世界上有许多人由于心里缺少安全感和缺乏外向观点，所以始终无法脱离制度化的态度。为了安全起见，他们接受了自己所在制度里的"官方"立场，因此就会变得过分保守，过分注意平凡的思想和感情。他们的政党、教会、社交集团或家庭要他们如何感觉，他们便如何感觉；要他们如何思想，他们便如何思想。在他们看来，不太外向化地研究任何一个特别指定的民主党候选人、工会、资本家……是一种比较容易而且安全的办法。因为**对任何一个个体或团体进行外向研究的结果，很可能会引致一种与制度立场不合的新的评价方法**。

但是，**假如我们只有制度化的态度，我们最后便会失去自己的个性，对于自己所属的团体毫无能力作出独立的贡献**。而且，老是照着极抽象的概括观念生活，抑制（或避免）外向评价，可能也会使我们很难作出恰切的个体调节（personal adjustment）。

上面所说的避免过分内向态度的规则，对于避免过分传统化和制度化的态度一样有用，因为内向态度往往是盲目接受制度化教条的结果。如果我们能够运用母牛1不是母牛2的原则，我们便能睁开我们的眼睛来看看，民主党员1和民主党员2、资本家1和资本家2是不是有什么重要差别。经过这番外向研究，我们可能就会发现，我们从前所抱有的制度化态度毕竟是对的，或者实在是不能再遵守了。无论我们最后得到的是什么结论，真正重要的一点是，我们能够自己得出属于我们自己的结论，自己用外向的方法去研究事物。

没有养成把制度化的态度和外向地得来的态度区分开这一习惯的人，可能真的会自己欺骗自己。他们真的不知道自己的意见里，哪些只是像鹦鹉一般在重复制度化的意见，哪些则是他们自己经验和思考的结果。他们因为未能了解自己，所以无法得到切合实际的自我概念，进而也就无法把他们的区域（他们自己的个性）正确地描绘出来。

阅读能够促成健全的心理

最后,关于阅读可以怎样帮助我们得到外向观点这个问题,我们还得再说几句。因为阅读书籍而产生过分内向观点的情形简直不胜枚举。在那些研究文学把言辞本身(小说、剧本、诗歌、杂文)当作研究目的的人身上,尤其容易出现这种情形。然而,假如我们在研究文学时并不只把它当作文学看待,而是将其当成一种生活上的指导,那么它的作用便是最好的外向的作用。

文学之所以能影响人生,完全是靠了内向的方法,换句话说就是靠了它运用语言的说明性和情感性含义。这种方法使我们注意到以前常被忽视的事实,新的感情和新的事实推翻了我们的内向观点,我们盲从附和的现象也就随之消失。

前面已经说过,有外向观点的人并不是受言辞的操控,而是受能自己看到言辞所指点的事物的操控。但是如果没有言辞指导我们,我们能不能自己指导自己找出那些事实来呢?对于绝大多数人,我们可以回答说"不能"。首先,我们的神经系统极不完备,观看事物时不可能不为自己的兴趣所限。倘若我们的兴趣非常有限,我们所能看到的也就会极少。一个在街上捡烟头的人,除了烟头,极少会看到周围流动不息的世界。一个少不经事的人外出旅行,会晤有兴趣的人物,或者遇到不平常的经历时,常常会有一种完全无所谓的感觉,这一点想必大家一定都知道。经验本身是一位非常不完善的教师,因为它并不能教给我们怎样去理解自己的经验。在许多人的心目里，发生一件事情只不过是发生一件事情而已。**除非一个人知道要在经验里找寻什么，否则他的经验往往会对他毫无意义。**

许多人十分重视经验，所以对于那些"做过一番事业的人"，他们就会不由自主地生出敬仰之情。他们想："我不愿意呆坐着看书，我要出去做些事情出来。我要旅行，我要得到经验。"但当他们真的走出去后，他们所得到的经验又往往对他们丝毫没有益处。他们去了一趟伦敦，可是他们能记得的只是自己住过的旅馆和旅行团。他们到过中国一遭，可是他们对中国的整个印象却只是："那儿有好些中国人。"他们也许在南太平洋上服过兵役，然而他们只能记得军队里的伙食如何不好吃。所以，从来没有过这种经验、没有去过这些地方的人，结果往往反而会比经验丰富阅历极广的人知道得更多一些。因此，**除非是有人把我们的眼睛打开了，要不我们大家都只会闭着眼睛在世界上乱转圈子。**

这就是语言最伟大的造就。无论它是用在研究科学上还是传达情绪上，情况都是一样。对一个研究科学理论的人来说，任何"琐碎"的事实都可能别有深意。譬如说，我们研究过表面张力以后，看到一只蜻蜓停在水面上，就是一个值得思考、解释的题目。对一个文学爱好者来说，一草一木都可能别有情趣。例如，假如读过《浮生六记》很感兴趣，那么当你日后前往苏州、扬州一带去旅行的时候，看见那里秀丽的山水、悠闲的生活，你的心里一定会有很深的感触。由江浙一带家庭中的风俗习惯开始，你也许会对中国其他地方旧家庭里的风俗习惯也开始产生兴趣。从前你觉得中国社会史是一门十分枯燥的学问，现在你也许会觉得它处处引人入胜。换句话说，你对一个从前不注意的题目现在开始有了感情。如果你读过许多过去的文学和诗歌，你就能够深深地体会到它们所传达出来的种种复杂微妙的情绪，你的人生中便会无时无地不充溢着丰富的意义和趣味。

我们从旁人那里听到和读到的一切，只要不是和我们过去的感觉及思想完全雷同，就都可以增加我们神经系统的工作效率。有人称诗人和科学家为"替心灵擦窗子的人"，这句话说得非常恰当。若不是有他们帮着传递新的思想和感情，拓宽我们的兴趣，增进我们的敏感，我们很可能还是和小狗一样盲目无知。

本书中一再说明，语言是有社会性的。[1] 无论是读、写、听还是谈话，我们无时无刻不在做着以言辞为主要因素的社会互动。我们已经看到，有时这些社会互动会使我们大家共同分享知识，增进彼此之间的同情和了解，建立人类间的合作关系。但是也有一些时候，社会互动并不一定能够产生这种良好的结果，比如酒店喝酒的两个醉乡客和联合国安理会中两个敌对国家的代表，他们越是交谈，越会深信自己和对方没有合作的可能。

于是，我们又回到了本书开篇就曾明确宣布过的主张上来，这些道德主张是本书中所有理论的基础：同类之间广泛地利用语言进行

---

[1] 虽然我们在本书中所解释的原则都以建立协定避免冲突为目的，但是有人也许会想利用它们为引起争辩的工具和打击别人的当头棒："老张，你的毛病是二元价值观点太深。""天呀！请您这位小姐不要这样内向好不好？"把本书中的名词这样应用的人，可以说是对本书不过一知半解呢。——原注

合作是人类生存的基本工具。假使应用语言的结果只是产生出更多的矛盾冲突（这种情形再常见不过），那么，不是说的人有毛病，便是听的人有毛病，或者双方都有毛病。我们已经看到，有时候这种"毛病"是因为不知道地域，画的地图不准确而起；有时候是因为我们养成了坏的评价习惯，不肯多看地域，只管自己说话；有时候是因为我们所用的语言本身就有毛病，而说话和听话的人都不肯费点力气去找出这些毛病；而最重要的则是因为，在人类历史上，语言并没有被用作一种社会团结的工具，反而是被用作一种争斗的武器。本书的目的就是要向读者朋友说明，当他说话和听话的时候，在哪些情况下他可以利用语言作为交换知识、情感等的工具，在哪些情况下他则反而会被语言所利用。至于读者朋友想要怎样处理自己的语言，那就是读者朋友自己的事情了。

参考文献

Adams, William C. (ed.). *Television Coverage of the 1980 Presidential Campaign.* Norwood, N.J.: Ablex Publishing, 1983.

Arnold, Thurman, W. *The Folklore of Capitalism.* New Haven, Conn.: Yale University Press, 1937.

——. *The Symbols of Government.* New Haven, Conn.: Yale University Press, 1935.

Ayer, A. J. *Language, Truth and Logic.* New York: Oxford University Press, 1936.

Barnlund, Dean C., and Franklyn S. Haiman. *The Dynamics of Discussion.* Boston: Houghton Mifflin, 1960.

Barthes, Roland. *Mythologies.* New York: Hill & Wang, 1972.

Bell, Eric Temple. *The Search for Truth.* New York: Reynal and Hitchcock, 1934.

Benedict, Ruth. *Patterns of Culture.* Boston: Houghton Mifflin, 1934.

Bentley, Arthur F. *Linguistic Analysis of Mathematics.* Bloomington, Ind.: The Prinicipia Press, 1932.

Berne, Eric. *Games People Play: The Psychology of Human Relationships.* New

York: Grove Press, 1964.

Berrien, F. K., and Wendell H. Bash. *Human Relations: Comments and Cases.* New York: Harper, 1957.

Bloomfield, Leonard. *Language.* New York: Henry Holt, 1933.

Bois, J. Samuel. *The Art of Awareness.* Dubuque, Iowa: William C. Brown, 1978.

——. *Explorations in Awareness.* New York: Harper, 1957.

Breal, Michael. *Semantics: Studies in the Science of Meaning.* New York: Henry Holt, 1900. Republished New York: Dover Publications, 1964.

Bridgman, P. W. *The Logic of Modern Physics.* New York: Macmillan, 1927.

Brown, Norman O. *Life Against Death.* New York: Vintage, 1959.

Bruner, Jerome, Jacqueline J. Goodnow and George A. Austin. *A Study of Thinking.* New York; John Wiley, 1956.

Burke, Kenneth. *A Grammar of Motives.* Englewood Cliffs, N.J.: Prentice-Hall 1945.

——. *The Philosophy of Literary Form.* Baton Rouge; Louisiana State University Press, 1941.

Burrow, Trigant. *The Social Basis of Consciousness.* New York: Harcourt Brace Jovanovich, 1927.

Carnap, Rudolf. *Philosophy and Logical Syntax.* London: Psyche Miniatures, 1935.

Carpenter, Edmund, and Marshall McLuhan (eds.). *Exploration in Communication.* Boston: Beacon Press, 1960.

Cassirer, Ernst. An *Essay on Man.* New Haven, Conn.: Yale University Press, 1944.

Chase, Stuart. *Danger—Men Talking.* New York: Parents' Magazine Press, 1969.

———. *Roads to Agreement.* New York: Harper, 1951.

———. *Power of Words.* New York; Harcourt Brace Jovanovich, 1954.

———. *Guides to Straight Thinking.* New York: Harper, 1956.

Cherry, Colin. On *Human Communication.* New York: Science Editions, 1957.

Chisholm, Francis P. *Introductory Lectures on General Semantics.* Lakeville, Conn.: Institute of General Semantics, 1945.

Dantzig. Tobias. *Number: The Language of Science.* New York: Macmillan, 1933.

Deutsch, Karl W. *Nationalism and Social Communication.* New York: John Wiley, 1953.

Doob, Leonard W. *Public Opinion and Propaganda.* New York: Henry Holt, 1948.

Efron, Edith. *The News Twisters.* Los Angeles: Nash Publications, 1971.

Embler, Weller. *Metaphor and Meaning.* DeLand, Fla.; Everett/Edwards, 1966.

Empson, William. *Seven Types of Ambiguity.* London: Chatto and Windus, 1930.

Epstein, Edward Jay. *News from Nowhere.* New York; Random House, 1973.

ETC. A Review of General Semantics (quarterly); published since 1943 by the International Society for General Semantics, San Francisco, California.

Frank, Jerome. *Law and the Modem Mind.* New York; Brentano, 1930.

Fromm, Erich. *Escape From Freedom.* New York: Einehart, 1941.

Garey, Doris. *Putting Words in Their Places.* Chicago; Scott, Foresman, 1957.

Gorman, Margaret. *General Semantics and Contemporary Thomism.* Lincoln;

University of Nebraska Press, 1962.

Grotjahn, Martin. *The Voice of the Symbol.* New York: Delta, 1971.

Hammond, Charles Montgomery. *The Image Decade.* New York: Hastings House, 1981.

Haney, William V. *Communication and Organizational Behavior: Text and Cases.* Homewood, Ill.: Richard D. Irwin, 1967 revised edition.

Hardy, William G. *Language, Thought, and Experience.* Baltimore; University Park Press, 1978.

Hayakawa, S. I. (ed.). *Language, Meaning and Maturity: Selections from ETC.,1943-1953.* New York; Harper, 1954.

—— (ed.). *Our Language and Our World: Selections from ETC., 1953-1958.* New York: Harper, 1959.

—— (ed.). *The Use and Misuse of Language.* New York: Fawcett, 1962. Selections from *Language, Meaning and Maturity* and Our *Language and Our World.*

Hockett, C. F. *A Course in Modern Linguistics.* New York; Macmillan, 1958.

Homey, Karen. *The Neurotic Personality of Our Time.* New York; W. W. Norton, 1937.

Howard, Philip. *Weasel Words.* New York: Oxford University Press, 1979.

——. *Words Fail Me.* New York: Oxford University Press, 1981.

Huse, H. R. *The Illiteracy of the Literate.* New York; D, Appleton-Century, 1933.

Huxley, Aldous. *Words and Their Meanings. Los* Angeles: Jake Zeitlin, 1940.

Huxley, Julian. *Evolution: The Modern Synthesis,* New York: Harper, 1942.

Isaacs, Harold R. *Scratches on Our Minds: American Images of China and India.*

New York: John Day, 1958.

Jacobs, Noah Jonathan. *Naming-Day in Eden.* New York: Macmillan, 1958.

Jameson, Frederick. *The Prison-House of Language.* Princeton, N.J.: Princeton University Press, 1972.

Johnson, Alexander Bryan. *The Meaning of Words* (1854); with introduction by Irving J. Lee. Milwaukee, Wisc.: John W. Chamberlin, 1948.

——. *A Treatise on Language* (1836); edited by David Rynin. Berkeley: University of California Press, 1947.

Johnson, Nicholas. *How to Talk Back to Your Television Set.* Boston; Little, Brown, 1970.

Johnson, Wendell. *People in Quandaries: The Semantics of Personal Adjustment.* New York: Harper, 1946.

——. *Your Most Enchanted Listener.* New York: Harper, 1956.

Kelley, Earl C. *Education for What is Real.* New York: Harper, 1947.

Kepes, Gyorgy. *Language of Vision;* with introductory essays by Siegfried Giedion and S. I. Hayakawa. Chicago: Paul Theobald, 1944.

Keyes, Kenneth S., Jr. *How To Develop Your Thinking Ability.* New York: McGraw-Hill, 1950.

Korzybski, Alfred. *The Manhood of Humanity.* New York: E. P. Dutton, 1921.

——. *Science and Sanity: An Introduction to Non-Aristotelian Systems and General Semantics.* Lancaster, Pa.: Science Press Printing Company, 1933.

Kropotkin, Petr. *Mutual Aid, A Factor of Evolution;* with foreword by Ashley Montagu, Boston: Extending Horizons Books, 1955.

La Barre, Weston. *The Human Animal.* Chicago: University of Chicago Press, 1954.

Langer, Susanne K. *Philosophy in a New Key.* Cambridge, Mass.: Harvard University Press, 1942.

Lasswell, Harold D. *Psychopathology and Politics.* Chicago: University of Chicago Press, 1930.

Lecky, Prescott. *Self-Consistency: A Theory of Personality.* New York: Island Press, 1945.

Lee, Irving J. *Language Habits in Human Affairs.* New York: Harper, 1979.

———. *The Language of Wisdom and Folly.* New York: Harper, 1949.

———. *How to Talk with People.* New York: Harper, 1952.

———. *Handling Barriers to Communication.* New York: Harper, 1968.

Leiber, Lillian R. *The Education of T. C. Mite.* New York: W. W. Norton, 1944.

———. *The Einstein Theory of Relativity.* New York: Farrar & Rinehart, 1945.

Lowe, Carl (ed.). *Television and American Culture.* New York; H. W. Wilson Co., 1981.

MacDonald, J. Fred. *Television and the Red Menace: The Video Road to Vietnam.* New York: Praeger, 1985.

Maier, Norman B. F. *Frustration: The Study of Behavior Without a Coal.* New York: McGraw-Hill, 1949.

Malinowski, Bronislaw. "The Problem of Meaning in Primitive Languages"; Supplement I in Ogden and Richards, *The Meaning of Meaning.*

Maslow, A. H. *Motivation and Personality.* New York: Harper, 1954.

Masserman, Jules. *Behavior and Neurosis.* Chicago: University of Chicago

Press,1943.

Mayer, Martin. *Madison Avenue, U.S.A.* New York: Harper, 1958.

McLuhan, Marshall. *Culture is Our Business.* New York: McGraw-Hill, 1970.

——. *The Gutenberg Galaxy.* Toronto: University of Toronto Press, 1962.

——. *The Mechanical Bride: Folklore of Industrial Man.* New York: Vanguard, 1951.

——. *Understanding Media: The Extensions of Man.* New York: McGraw-Hill, 1964.

Mead, Margaret (ed.). *Cooperation and Competition Among Primitive People.* New York: McGraw-Hill, 1936.

Meerloo, Joost. A. M. *Unobtrusive Communication: Essays in Psycholinguistics.* Assen, Netherlands: Van Gorcum, 1964.

Menninger, Karl. *Love Against Hate.* New York: Harcourt Brace Jovanovich, 1942.

Meyers, William. *The Image Makers: Power and Persuasion on Madison Avenue.* New York; N.Y. Times Books, 1984.

Miller, George A. *Language and Communication.* New York; McGraw-Hill, 1951.

Minteer, Catherine. *Understanding in a World of Words.* San Francisco: International Society for General Semantics, 1970.

——. Words *and What They Do to* You. Evanston, Ill.; Row, Peterson, 1952.

Minteer, Catherine, Irene Kahn, and J. Talbot Winchell. *Teacher's Guide to General Semantics.* San Francisco: International Society for General Semantics, revised edition, 1968.

Morain, Mary. *Classroom Exercises in General Semantics.* San Francisco; International Society for General Semantics, 1980.

—— (ed.). *Teaching General Semantics.* San Francisco: International Society for General Semantics, 1969.

Morris, Charles. Signs, *Language and Behavior.* Englewood Cliffs, N.J.: Prentice-Hall, 1946.

Mueller, Claus. *The Politics of Communication.* New York: Oxford University Press, 1973.

Newton, Norman. *An Approach to Design.* Reading, Mass.: Addison-Wesley, 1951.

Ogden, C. K., and I. A. Richards. *The Meaning of Meaning,* 3rd ed., rev. San Diego: Harcourt Brace Jovanovich, 1989.

Osgood, Charles E., G. J. Suci, and P. H. Tannenbaum. *The Measurement of Meaning.* Urbana, Ill.: University of Illinois Press, 1957.

Packard, Vance. *The Hidden Persuaders.* New York: David McKay, 1957;

Piaget, Jean. *The Language and Thought of the Child.* New York: Harcourt Brace Jovanovich, 1926.

——. *The Child's Conception of the World.* New York: Harcourt Brace Jovanovich, 1929.

Popper, Karl B. *The Open Society and Its Enemies.* London: Hutchinson, 1950.

Postman, Neil. *Language and Reality.* New York: Holt, Rinehart and Winston, 1966.

Rapoport, Anatol. *Fights, Games, and Debates.* New York; Harper, 1960.

——. *Operational Philosophy.* New York: Harper, 1969.

——. *Science and the Goals of Man.* New York: Harper, 1971.

Real, Michael R. *Mass-Mediated Culture.* Englewood Cliffs, N.J.: Prentice-Hall, 1977.

Richards, I. A. *Interpretation in Teaching.* New York: Harcourt Brace Jovanovich, 1938.

———. *The Philosophy of Rhetoric.* New York: Oxford University Press, 1936.

———. *Practical Criticism, A Study of Literary Judgment.* New York: Harcourt Brace Jovanovich, 1929.

———. *Science and Poetry.* New York: W. W. Norton, 1926.

Robinson, John P. *The Main Source.* Beverly Hills, CA: Sage Publications, 1986.

Rogers, Carl R. *Counseling and Psychotherapy.* Boston: Houghton Mifflin, 1942.

———. *Client-Centered Therapy.* Boston: Houghton Mifflin, 1951.

———. *On Becoming a Person.* Boston: Houghton Mifflin, 1961.

Rogers, Raymond. *Coming Into Existence.* New York: Delta, 1967.

Rokeach, Milton. *The Open and Closed Mind.* New York: Basic Books, 1960.

Rothwell, J. Dan. *Telling It Like It Isn't.* Englewood Cliffs, N.J.: Prentice Hall, 1982.

Ruesch, Jurgen. *Disturbed Communication.* New York: W. W. Norton, 1957.

———. *Therapeutic Communication.* New York; W. W. Norton, 1961.

Ruesch, Jurgen, and Gregory Bateson. *Communication: The Social Matrix of Psychiatry.* New York: W. W. Norton, 1951.

Ruesch, Jurgen, and Weldon Kees. *Nonverbal Communication.* Berkeley: University of California Press, 1956.

Salomon, Louis B. *Semantics and Common Sense.* New York; Holt, Rinehart and Winston, 1966.

Sapir, Edward. *Language: An Introduction to the Study of Speech.* New York;

Harcourt Brace Jovanovich, 1921.

Schaff, Adam. *Introduction to Semantics.* New York: Pergamon Press, 1962.

Schram, Martin. *The Great American Video Came: Presidential Politics in the Television Age.* New York: Morrow, 1987.

Skinner, B. F. *Verbal Behavior.* New York: Appleton-Century-Crofts, 1957.

Slater, Philip. *The Pursuit of Loneliness.* Boston: Beacon Press, 1971.

Smith, Bruce L., Harold D. Lasswell and Ralph D. Casey. *Propaganda, Communication, and Public Opinion: A Comprehensive Reference Guide.* Princeton, N.J.: Princeton University Press, 1946.

Snygg, Donald, and Arthur Combs. *Individual Behavior.* New York; Harper, 1949.

Stefansson, Vilhjalmur. *The Standardization of Error.* New York; W. W. Norton, 1927.

Szasz, Thomos S. *The Myth of Mental Illness.* New York: Harper, 1961.

Taylor, Edmond. *The Strategy of Terror.* Boston: Houghton Mifflin, 1940.

Thayer, Lee (ed.). *Communication: General Semantics Perspectives.* New York: Spartan Books, 1970.

Thurman, Kelly. *Semantics.* Boston: Houghton, Mifflin, 1960.

Ullmann, Stephen. *Semantics: An Introduction to the Science of Meaning.* Oxford: Basil Blackwell & Mott, Ltd., 1962.

Vaihinger, Hans. *The Philosophy of "As If."* New York: Harcourt Brace Jovanovich, 1924.

Veblen, Thorstein. *The Theory of the Leisure Class.* New York: Modern Library, 1934.

Victor, George. *Invisible Men.* Englewood Cliffs, N.J.: Prentice-Hall, 1973.

Vygotsky, L. S. *Thought and Language.* New York; John Wiley, 1962.

Wagner, Geoffrey. *On The Wisdom of Words.* Princeton, N.J.: Van Nostrand, 1968.

Walpole, Hugh R. *Semantics.* New York: W. W. Norton, 1941.

Weinberg, Harry L. *Levels of Knowing and Existence.* New York: Harper, 1959.

Weiss, Thomas S., and Kenneth H. Hoover. *Scientific Foundations of Education.* Dubuque, Iowa: Wm. C. Brown, 1964.

Welby. V. *What Is Meaning?* New York: Macmillan, 1903.

Whorf, Benjamin Lee. *Language, Thought and Reality: Selected Writings of B. L. Whorf;* edited by John B. Carroll. New York: John Wiley, 1956.

Wiener, Norbert. *Human Use of Human Beings: Cybernetics and Society.* Boston: Houghton Mifflin, 1950.

Wilson, John. *Language and the Pursuit of Truth.* New York: Cambridge University Press, 1956.

Windes, Russel B., and Arthur Hastings. *Argumentation and Advocacy.* New York: Random House, 1965.

Wright, Will. Six Guns *and Society.* Berkeley: University of California Press, 1975.

Yerkes, Robert M. *Chimpanzees: A Laboratory Colony.* New Haven, Conn.: Yale University Press, 1943.

Young, J. Z. *Doubt and Certainty in Science: A Biologist's Reflections on the Brain.* New York; Oxford University Press, 1951.